もうひとつの占領

Another Occupation

セックスという
コンタクト・ゾーンから

茶園敏美
CHAZONO Toshimi

インパクト出版会

もうひとつの占領　セックスというコンタクト・ゾーンから

目次

第Ⅱ部 売買春の生存戦略

第Ⅲ部 恋愛の生存戦略

もうひとつの占領

セックスというコンタクト・ゾーンから

はじめに

1．暴力はいまも継続中——スティグマの重層化と性暴力連続体

おれらパンパンなんて呼ばない。おねえさん。ものすごく彼女たちはわたしたち浮浪児（戦災孤児）のことを、「坊や、今日はなんか食べたか？」、「おなかすいてるか？」といろんなふうに気を遣ってくれる。「まだ食ってない、まだ何も食ってない」とかいうと、さーと行ってなんか買ってきてくれる。(1)

この語りは、九歳のとき東京大空襲で家族と生き別れになってしまい、戦災孤児として二年間路上で生活した冨本勝義さん（これ以降、勝義さんと明記する）の語りだ。勝義さんは、二〇一五年八月一五日終戦記念日の夜九時半に、NHK-BSで一時間放映された「戦後ゼロ年」という番組に、八〇歳で登場した。戦災孤児とは、いまのことばを使うなら、ストリート・チルドレンだ。勝義さんが路上生活で空腹で動けないとき、手を差し伸べてくれたのが世間でパンパンと言われた女性たちだった。勝義さんの語りにあるパンパンとは、長い間、「闇の女」「夜の女」という呼称同様、占領兵と性的な関係を結ぶ女性の蔑称だった。

二〇一五年四月、大坂カズコさん（以降、本書ではカズさんと明記する）という女性と出会った。二〇一五年四月三日付『京都新聞』朝刊に、「占領期の性暴力問い直す」と題して、占領期の性暴力について、それぞれ異なった視点から研究をすすめている平井和子さんとわたしの報告会が掲載された。この記事を読んだカズさんが、報告会を取材した京都新聞の吉永周平記者を通じて、「占領兵と交際するおねえさんたちにとても世話になった」と、コンタクトしてくださったのだ。占領期、カズさんは小学生だった。

今回、カズさんに何度かお会いして話を聴かせていただいたあと、インタビュー音源を丁寧に聞き返したところ、重大なことに気づいた。カズさんの語りはどこにも、パンパンという語が使われていなかった。なぜカズさんは、「パンパンのおねえさん」と言わないのかを尋ねたところ、カズさんは、笑いながら答えた。

あの時代〔占領期〕、パンパン〔ということば〕は悪口隠語でしたから、心にしみつきました。だからわたしには、パンパンということばは言えないことばですよ。わたしにとっては、おねえさんですよ。

カズさんが決してパンパンと言わないのは、先にあげた勝義さんと同じ理由だった。

占領期当時パンパンといわれた女性たちはスティグマ（烙印）化され侮蔑的なまなざしを向けられたまま、今日に至っている。パンパンに対するスティグマは、重層化している。重層化のひとつは、どのような性的接触であっても「売春」の一種とみなされるという「娼婦差別」であり、もうひとつは「戦勝者に寝返った女」という、とりわけ被占領地の男性たちからの侮蔑的な視線である。この侮蔑的な視線には、教育評論家神崎清が占領兵と交際する日本女性のことを、「私どもにとっては、大切な日本の娘である」〔神崎 1974:202〕という語りに象徴されるような、「保護ゆすり屋」の「狼狽」も含まれる。「保護ゆすり屋」とは、社会学者の佐藤文香が端的に表現したように、「女性が、自分のことを守ると称する男性によって保護を約束される、という状況〔傍点は原文〕」を指す〔佐藤 2018:334〕。そして、「保護する者は、保護に失敗すると狼狽し、不満を覚えるため、保護対象者の行動を制約しようとする」〔佐藤 2018:335〕。神崎が一連の著作で、占領兵との結婚を拒否する日本女性を高く評価するのに対し、占領兵との交際に積極的な日本女性には知識人の立場から徹底的に批判した〔茶園 2014〕。その理由は、「保護ゆすり屋」のひとりである神崎が、「大切な日本の娘」の「保護」に失敗したからであろう。

本書は、こうしたスティグマをもたらした社会的背景を二つ挙げることができる。一つ目は、占領軍慰安施設の開設が深くかかわっている。この施設は占領軍将兵を性的サービスで「慰安」するための国家事業として、日本各地に設置された施設である。二つ目は、占領兵と占領地女性とのレイプ／売買春／恋愛／結婚は、性暴力連続体であることに、当事者も当事者の周りの人たちも気づいていない、ということに関係している。社会学者の上野千鶴子が述べるように、「性暴力を強姦から売買春、恋愛、結婚までの連続線上に配置するのは、事実このあいだに連続性があって、境界を引くことが難しい」〔上野 2018:1〕からだ。

カズさんは、こうも言った。「おねえさんたちにお世話になった話は、墓場まで持っていこうと思っていました」。カズさんが世話になった女性たちとの交流の想い出を墓場に持っていこうとした理由は、カズさんの想い出に誰も興味を示さないことや、占領兵と親密な関係にある女性たちのことを知っているひとたちから、「そんな女性のことは知らない」と言われたからだった。わたしたちはいままで、カズさんや勝義さんのような、占領兵と親密な関係にあった女性との「良い想い出」を持つひとたちが、その想いを公に語ることに躊躇するような圧力を強いてきたのではないだろうか。それ以上に、パンパンと呼ばれた女性たちに記憶の封印を強制してきたのではないだろうか。そのひとにとってかけがえのない記憶を、語りたくても語れないようにしてきたのは、聞き手側のわたしたちにもあるのではないか。そしてこのことは、社会のパンパンに対するスティグマ化と連動している。

本書では、占領という圧倒的な暴力、具体的には占領側の兵士からのレイプやGHQ（連合国軍最高司令官総司令部）主導の強制的な性病検診と検診を行なうための野犬狩りのようなキャッチ（検挙）［茶園2014］に晒されながらも、日本女性の占領兵とのレイプ／売買春／恋愛／結婚といった経験は、性暴力連続体（後述）上に存在することに意識を向けた上で、コンタクト・ゾーンという概念を用いて、占領兵と日本女性の出会いの空間に起こっていたことに注目する。占領兵と性的な関係にあった女性たちは、決してパンパンということばでひとくくりにされ侮蔑される存在ではない。占領という圧倒的な非対称の権力が作用する状況のもとで、限られた選択肢の中で占領期を生き延びてきた女性たちだ。彼女たちの生存戦略を、竹中勝男・住谷悦治編『街娼　実態とその手記』［有恒社1949］（これ以降『街娼』と表記）に収録されている貴重な資料から、徹底的な帰納法分析を用いて明らかにする。

本書は前著『パンパンとは誰なのか』［インパクト出版会2014］では十分議論が展開できなかったことも、帰納法分析（後述）を用いたからこそ、新たな論点として浮上したことがたくさんある。そのことを踏まえた上で、前著の問題意識を本書でも引き継いでいる部分は、この当時、彼女たちの身に起きたことは、決して占領期という特殊な時期の特殊な話ではない、ということだ。だからこそ、特殊な話として風化させてはならない。

社会学者の橋本明子は、日本の敗戦後の記憶を国際比較の視点から鮮やかに解き明かした［橋本2017］。橋本によるとこの手法は類似例比較といわれる。類似例比較とは、「要所要所でほかの文化や国の事例研究を紹介し、直接間接の比較を通じて日本におけるパターンにスポットを当て、洞察を深める研究手法」〔橋本 2017:29〕で、本書でも有効である。占領期日本で占領兵と性的コンタクトを持った日本女性たちが現在、自らの経験を公に語れない状況があるかぎり、戦時から占領期のヨーロッパ女性と占領兵の性的接触を比較することで、みえてくるものがあると考えるからである。それは、「比較によってはじめて特定の事例のユニークさや他との共通点が明らかになる」〔上野・蘭・平井編 2018:vi〕ことにほかならない。したがって本書は、第二次世界大戦期のヨーロッパにおけるドイツ兵とドイツの占領地女性の性的接触の多様性を念頭におきながら、一九四九年の京都を中心とした占領地で占領軍兵士と性接触をする日本女性たちのエイジェンシー（行為主体性）に注目し、彼女たちが占領という圧倒的な暴力に晒されながらも、なんとか生き延びてきた経験に注目する。

歴史学者の西川祐子は自身の占領期経験をもとに「読者といっしょに占領期京都のまちを歩く案内役」〔西川 2017:374〕に徹して占領とは何かを、徹底的に考察した労作を出版した。本書の京都の記述の多くは、西川の『古都の占領』〔平凡社 2017〕に負っている。

もしかして、「あいのこ」の母であったかもしれない彼女たちが、いかなる生存の闘いを果たしたのかを、本書で明らかにしたい。これが、本書が意図する最大の意義であり、社会への貢献である。

2.「ゲイシャ・ガールズ」の笑顔にみるパワー

写真①は、第二次世界大戦直後の神戸で占領兵によって撮影された個人所有の写真だ。(2) 女性たちの後ろの瓦礫が、戦争直後の神戸を物語っている。

写真の裏には“ANY FOR THE ASKING GEISHA GIRLS IN KOBE”というキャプションがついて

写真①

いる。日付は、一九四五年九月二五日～一九四五年一一月一日だが、ドレス姿の女性が半そでなのと、四人の女性が着ている晴れ着も夏用の生地をおもわせるのを考えると、この写真は少なくとも、残暑厳しい九月末頃の写真である。彼女たちは、神戸の占領軍慰安施設の接客婦だとおもわれる。彼女たちの身なりからみて、背景の瓦礫がなければ彼女たちがいる場所が占領地だということを忘れさせてくれるような、豪華な身支度であるからだ。

実際の敗戦直後の神戸は、戦争の爪跡がいたるところに残っていた（写真②～⑥）。

神戸に占領軍が上陸したのは、一九四五年九月二五日午後五時五分で、第六軍三三師団一万五〇〇〇名だった［岩佐1966:43］。

写真④⑤のように、女性はモンペ姿が普通であり、働く女性は写真⑥のような、脚のラインが隠れるズボンを身に着けている。このような状況のなかで、写真①の五人の女性の身なりをみると、その差は大きい。

写真①の女性たちが写っている場所は、占領軍に占領された場所で、女性たちが集まっているジープは占領軍のジープ

写真②

写真③

写真④

であり、ジープをとりまく瓦礫の山は、敗戦の結果を表している。写真①と同じ女性たちが写っている別の写真のキャプションには、「新人ゲイシャガールズを探しているパース伍長」と記されている[3]ことから、彼女たちの中には日本が占領されなければ「ゲイシャ」にならなくてもよかった者もいるかもしれ

写真⑤

ないし、たとえ以前から「ゲイシャ」だった女性がいたとしても、彼女たちに共通するのは、少なくとも日本が占領されなければ占領兵に接触することはなかったはずの女性たちである。写真①は、「女性たちが華やかな装いで微笑んでいるからといって、彼女たちの笑顔に隠された部分をみなければならない」、という解釈をすることも可能かもしれない。彼女たちは敗戦国日本の女性であるという点で、戦勝国の男にとっても自国の男にとっても、格段に立場が違うのだから。

写真⑥

だがわたしは、大笑いする五人の女性たちに、彼女たちにカメラを向ける占領兵と堂々と渡り合おうとする意志を感じる。彼女たちの中にある、エイジェンシーを見逃してはならない。エイジェンシーとは、「制約された条件のもとでも行使される能動性」〔上野 2018:11〕のことをいう。

3．ヨーロッパと日本の占領における性的関係の連続性と非連続性

本書はメアリー・L・ロバーツ著『兵士とセックス——第二次世界大戦下のフランスで米兵は何をしたのか』〔明石書店 2015〕、レギーナ・ミュールホイザー著『戦場の性——独ソ戦下のドイツ兵と女性たち』〔岩波書店 2015〕の二冊を念頭に置きつつ、考察を行なう。この二冊は、第二次世界大戦中のヨーロッパにおける、兵士と現地女性との性的接触の多様性をテーマにしている。『兵士とセックス』は、フランスの解放軍としての米兵の性的親密性に、軍がどう対処したのかについて描かれている。『戦場の性』では、第二次世界大戦期の占領軍兵士であるドイツ兵と占領地女性との、多様な性的コンタクトをとりあげている。『兵士とセックス』におけるフランス国民にとっての米軍は解放軍であるのに対し、日本国民にとって米軍は占領軍であって解放軍ではない。また、『戦場の性』における占領軍ドイツ兵士と占領地のフランス女性の性的関係は、占領地日本の状況と共通するところもあるが、本書では占領兵が戦闘状態にない敗戦後の時期をとりあげている。『兵士とセックス』と『戦場の性』はともに兵士側の性行動に焦点をあてているのに対し、本書は、兵士を迎えた女性たちの側に焦点をあてている。

4．占領の性的な権力関係をコンタクト・ゾーンで読み解く

本書では、占領地女性にとって圧倒的に権力の非対称（不平等）から生じる暴力が横行している場において、「パンパン」というスティグマを付与され、世間から侮蔑的なまなざしあるいは消費の対象としてみられてきた日本女性の声に徹底的にこだわった。彼女たちの語りをコンタクト・ゾーンという概念で見直すことで、彼女たちの個別具体的な限られた状況下での生存戦略という側面を明らかにする。

ここで、占領兵と性的にコンタクトした占領地女性の行動を理解するためのキー概念であるコンタクト・ゾーンについて説明しよう。

(1)コンタクト・ゾーンと限られた生存戦略

本書の重要な概念は二つある。そのうちのひとつがコンタクト・ゾーンという概念だ。コンタクト・ゾーンとは、文学者メアリー・L・プラットが提唱した概念である。

「コンタクト」という語が際立つのは、帝国が出くわす相互作用や即興的な側面である。こうした側面は、侵入者の視点から語られる征服や支配の記述ではいとも簡単に無視されたり隠されたりする。「コンタクト」という視点が強調するのは、いかに主体がお互いの関係性の中で、お互いの関係性によって構築されるかということにある。圧倒的な権力の非対称の関係において、分断という観点ではなく、ともにあること、相互作用、理解と実践がつながるような観点から、植民地支配者と被支配者、旅人と「旅人を受け入れる人」の関係を扱う。［Pratt1992,2008:8］

このようにコンタクト・ゾーンという概念は、権力の非対称性がある関係において権力者と被権力者の対立に視点を向けるのではなく、権力者／被権力者の相互作用の効果を強調する。さらにコンタクト・ゾーンは、「通常、抑圧状態、圧倒的な非対称、そして手に負えない衝突に関わっている帝国の出会いの空間であり、地理的に歴史的に離れているひとびとが互いに接触し、継続中の関係を確立する空間を指す」[Pratt1992, 2008:8]。

本稿はこの概念を応用し、占領地における勝者側の占領兵と敗者側の日本女性が出会い、相互交渉を行なう空間をコンタクト・ゾーンとする。(4) コンタクト・ゾーンという概念から占領兵と占領地女性の関係をみると、占領という圧倒的な暴力に晒されながらも、彼女たちは自らのエイジェンシーを発揮して占領兵と交渉し、状況をコントロールしていることに気づく。のちに詳しくみるように、コンタクト・ゾーンは占領地女性へのレイプに対する彼女たちの抵抗にも有力な示唆を与えてくれる概念でもある。

限られた生存戦略という概念は、コンタクト・ゾーンと密接にかかわるもうひとつの重要な概念である。上野は、日本軍元「慰安婦」たちが生き延びるための生存戦略の中にも、「愛」や「恋愛」と当事者が呼ぶ「自発的な関係」があることを、誰も否定できないし、その「自発性」を認めたからといって、本人が置かれた抑圧的状況を否定することには少しもならないと述べる［上野 2017b:252］。この顕著な例として、軍事郵便貯金訴訟の最中に亡くなった元日本軍「慰安婦」文玉珠《ムンオクチュ》の「恋」がそうだ［文 1996］。朝鮮人「慰安婦」である文のいる戦場そのものは、圧倒的に非対称な暴力の場だった。そのなかでなんとか生き延びようと文がとった生存戦略のひとつが、慰安所で親しくなった「ヤマダイチロウ」への恋だ。文は、一週間に一度ヤマダイチロウがやってくることに、生きがいをみいだした。にもかかわらず、文がヤマダへの恋を語れば語るほど、文は日本兵へ親和的なエイジェンシーを発揮することになり、日本兵に抵抗する被害者の語りと離れてしまうために、世間では被害者と認められにくくなってしまう。歴史学者の加納実紀代が文のこの姿に、「どんな苛烈な状況にあっても、ひとは生存戦略を駆使してアイデンティティを求め、愛を育むこともできるのだ」〔加納 2017:199〕と、文の生存戦略を見いだしているのは重要である。日本軍元「慰安婦」たちのこのような「自発的な関係」は、占領兵と親しい関係にあった日本女性にも当てはまることは、強調してもしすぎることはない。

占領／被占領という圧倒的な非対称の関係において、被占領者である占領地女性が自らのエイジェンシーを発揮して占領者である占領兵と相互交渉を行なう空間がコンタクト・ゾーンであり、この空間における占領地女性の占領兵との「自発的な関係」は、占領期を生き抜くための彼女たちの限られた生存戦略である。にもかかわらず、佐藤が「語る主体が問題なのではない、被害者の語りであれ、加害者の語りであれ、ある語りに正統性を与え、そこから逸脱する語りに耳を傾けようとしないのは、その共同体における戦争のマスター・ナラティヴの規定力なのである」〔佐藤 2018:333〕と指摘しているように、日本を占領した敵国の占領兵と「合意の関係」にあると社会が判断すれば、彼女たちの限られた生存戦略はみえなくなる。その結果、彼女たちが性暴力を被っていても、「自己責任」とみなされる。占領終結から七〇年近くが経過しても、いまだに彼女たちは正当な評価を受けているとは言い難い状況にある。

したがって占領／被占領という圧倒的な非対称の関係において、被占領者である占領地女性が自らのエイジェンシーを発揮して占領者である占領兵と相互交渉を行なう空間がコンタクト・ゾーンと概念化し、この空間における占領地女性の占領兵との「自発的な関係」を、占領期を生き抜くための彼女たちの限られた生存戦略として分析する。

⑵ 占領兵の階級別に線引きされた京都とそうでない神戸

占領兵と占領地女性との性的接触を考えるにあたり、本書で京都をとりあげる意義は二つある。まず、実際に占領兵と性的コンタクトを持った日本女性への貴重な聞き取り資料が京都という場に存在したこと、次に京都というエリアそのものが占領兵の階級別に配置されているため［I Corps 1949］、占領兵の階級と彼らと交際する日本女性の出身階層が連動していることが、彼女たちの聞き取り資料を分析していくなかで、浮かび上がったからである。また西川は、「京都は全占領軍のための特権的な慰安、休養地であった。占領軍将兵は、京都進駐の軍隊だけでなく、全国の占領地から休暇を過ごすために京都へやって来た。京都には敗戦直後から占領軍用に各種の慰安施設がつくられ、占領期には英文の京都観光案内書が多数出版されている」［西川 2017:416］という政治的背景があることを指摘したうえで、京都占領は迅速かつ徹底的に整備された場であることを指摘している。だからこそ、「京都は長年にわたって住民の階層棲み分けがなされてきた都市である。くりかえすように、その上にかぶせるようにして階級制、階層区分のきびしい軍隊の進駐があった。その軍隊は住民たちとは使用言語、生活習慣のちがう外国人兵士の集団であった。占領空間を考えるなら、ほかの場合にもまして同じ空間を生きた人々のジェンダー、クラス、レイスあるいはエスニシティの別、すなわち性別、階級階層、人種あるいは文化という諸要素の組み合わせと、そこに働く占領という軍事行動の強力な影響を見てゆかねばならない」［西川 2017:238］と、住民の階層棲み分けと軍の階級や人種とを連動してみていく視点はきわめて重要だ。京都という占領地は、「階層別の慰安、休養、観光、文化交流の場」［西川 2013:11］だったことは、占領兵の交際相手である日本女性にもあてはまる。本書は、このように京都という占領兵の階級が明確にあらわれた空間にこだわることによってみいだされる、占領兵と性的コンタクトを持つ日本女性の「声」に注意を払っている。

その理由は、ジェンダー、階級／階層、人種という条件をとりこんで、より精緻な分析をするためである。そのために京都は格好の例を提供してくれる。京都との比較対象として本書では、占領期神戸の状況を適宜引用する。

　占領地京都が、階級によって占領兵が配置されていたことは、占領地神戸の地図と比較してみると一目瞭然である。神戸の場合、将校専用施設と兵卒専用キャンプが徒歩圏内に配置されているのに対し（地図①）、京都の場合は、将校クラス施設と兵卒キャンプは京都駅を境に分けられている（地図②）。

　京都の場合、兵卒や黒人兵の宿舎ならびに施設と、将校専用の施設間は徒歩で移動できない距離にある（地図②）。京都駅すぐそばには単身将校専用のホテルがあるが、彼らは施設まで軍用車で移動する。京都駅の少し東側の下京区名倉町には、黒人兵約二〇〇名が兵舎として使用していた日本電池月読寮があり、占領期当時

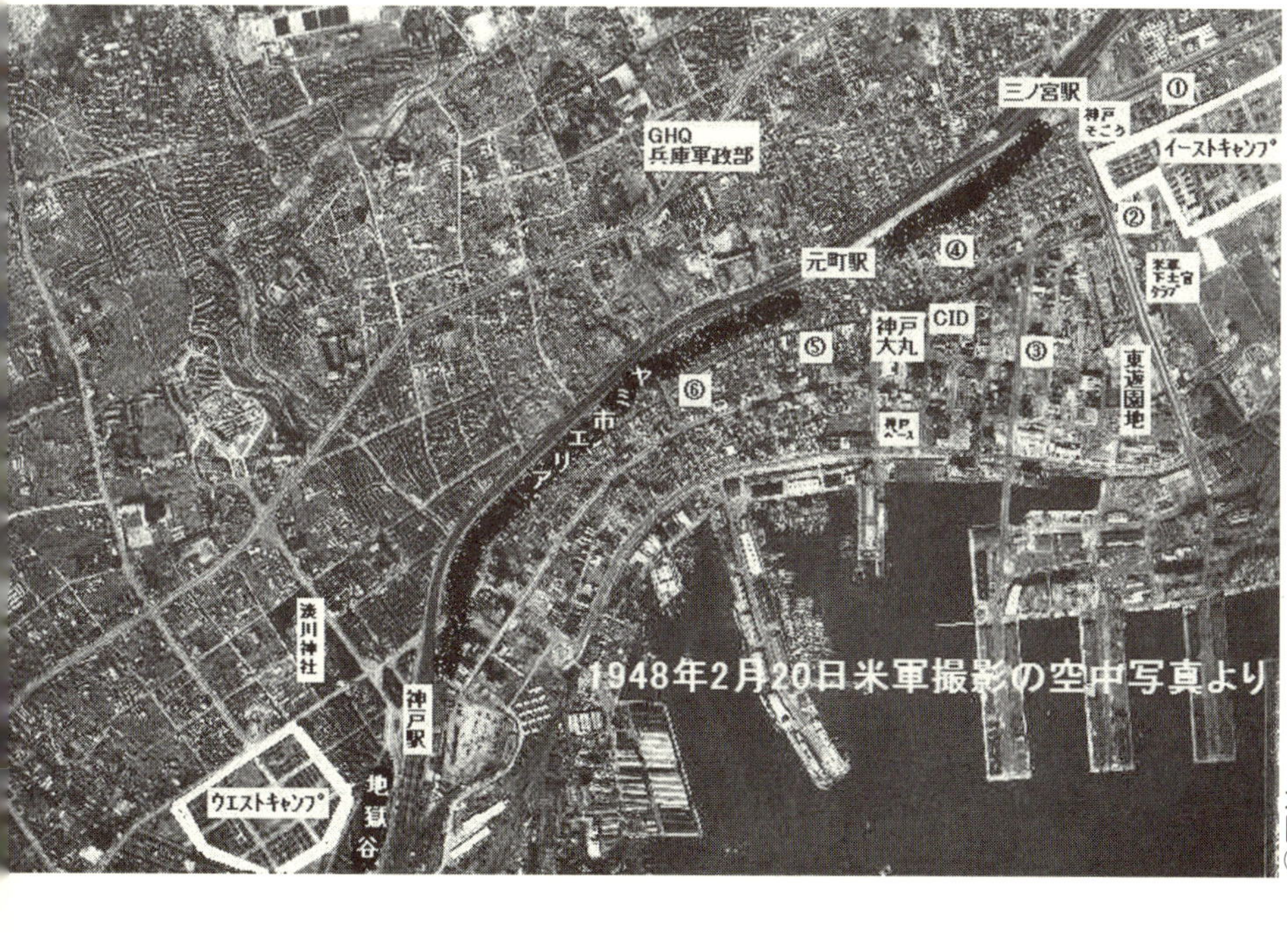

地図①

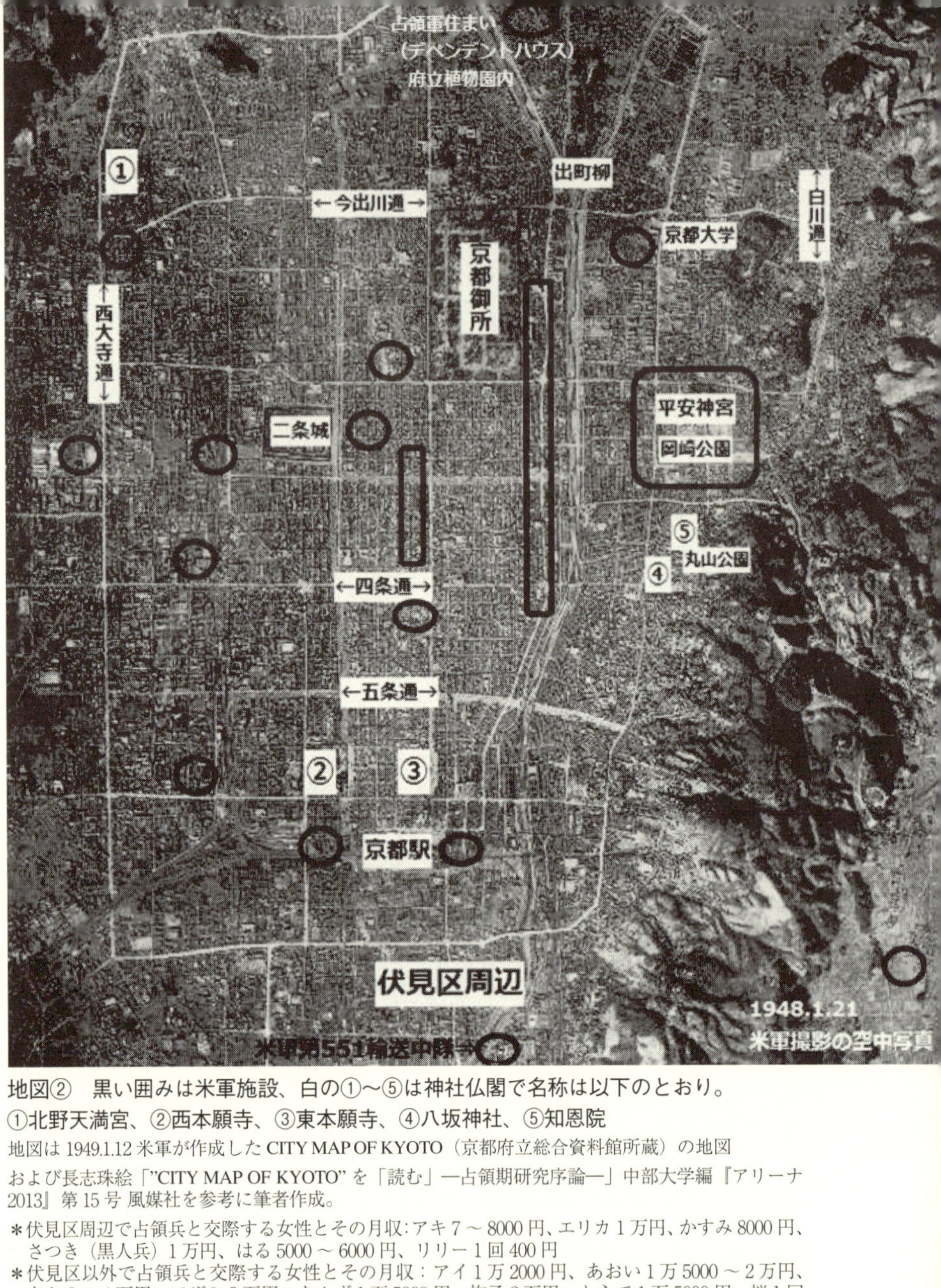

地図②　黒い囲みは米軍施設、白の①～⑤は神社仏閣で名称は以下のとおり。
①北野天満宮、②西本願寺、③東本願寺、④八坂神社、⑤知恩院

地図は 1949.1.12 米軍が作成した CITY MAP OF KYOTO（京都府立総合資料館所蔵）の地図
および長志珠絵「”CITY MAP OF KYOTO” を「読む」—占領期研究序論—」中部大学編『アリーナ 2013』第 15 号 風媒社を参考に筆者作成。

＊伏見区周辺で占領兵と交際する女性とその月収:アキ 7 ～ 8000 円、エリカ 1 万円、かすみ 8000 円、さつき（黒人兵）1 万円、はる 5000 ～ 6000 円、リリー 1 回 400 円
＊伏見区以外で占領兵と交際する女性とその月収：アイ 1 万 2000 円、あおい 1 万 5000 ～ 2 万円、あさ 3 ～ 4 万円、アザミ 3 万円、あんず 1 万 5000 円、梅子 2 万円、かえで 1 万 5000 円、桜 1 回 400 円、さつき 1 万円、しおん 1 万円、春香 2 ～ 3 万円、たまこ 6000 円、つくし 3 ～ 5 万円、椿 3 万円、はまな 4 万円、松子 2 万 5000 円、まゆ 1 万円、まり週 7000 円、美奈 1 万円、木蓮 4 万 5000 円、ユキコ 1 ～ 3 万円、ゆず 2 万 5000 円、よつば 6000 円、蘭 2 万円、りら 5000 ～ 8000 円、凛 1 万円、るり 1 万円、和香 9000 円、沙羅 1 万 2000 円、菜乃花 2 ヵ月に 1 回 5 円。
※京都における占領兵の階級とその配置の関連性を調べるため、占領兵から月に貰う金額を語っている女性のみ記した。

三七歳だった女性は、「この辺は黒人の兵隊さんばっかりでした。大きな黒い顔をして、歯だけが白うて、ニャーと笑ってたのをよく覚えています。どこから来たんか知らん娘さんがようけいてて兵隊の相手してました。この辺でも、娘さんや食べるのに困っていた中年の女の人まで、パンパンみたいなことしてました。黒人との混血児がいてて、よく近所の子供と遊んでいました」〔立命館大学産業社会学部鈴木良ゼミナール© 1991[(5)] これ以降立命館鈴木ゼミ©と表記〕と語っている。この黒人兵兵舎のすぐそばに、彼らが働く補給部隊の施設があった〔I Corps1949〕。

兵卒専用キャンプのあった京都の伏見区から京都駅までの距離は、神戸市内に設置された占領軍の施設間の倍以上の距離と時間がかかる。地図①のJR神戸駅附近にあった占領軍ウエストキャンプ跡地から、JR三ノ宮駅附近のイーストキャンプ跡地（現在は神戸そごう南隣ロフト周辺）までの距離は、女子中・高生の足でも十分楽に歩くことができる。神戸ではウエストキャンプは黒人兵の宿舎で、イーストキャンプは白人兵の宿舎というように人種によって区別されているものの、一歩宿舎を出ると徒歩圏内で黒人兵と白人兵が出会う。一方京都の場合、将兵専用施設は平安神宮周辺に密集しており、京都駅から平安神宮まで歩くには相当な距離がある。このことからくりかえすが、京都の占領軍の施設は占領兵の階級別に線引きされており、占領兵の階級や人種にかかわらず徒歩で行き来できる神戸と状況が全く異なっている。

本書でとりあげる女性たちの住まいを京都の地図に落としてみると（地図②）、伏見区では特定の兵士一人と交際するいわゆるオンリーの女性が交際相手からもらう金は月額一万円以下であって、月二万円以上もらっている女性は見当たらないことから、伏見区の女性の相手はおもに兵卒であることがわかる。地図には今回名前を記していないが、花、のばら、ゆり、夏子は例外事例である。花とのばらに関してはバタフライ（不特定の複数の占領兵を相手にする女性）でどちらも月一万円以上稼いでいるものの、月に何人客がいるかは不明である。ゆりの場合も、家とは別に伏見区に自身の店を持っていることや、結婚を申し込まれている交際相手の占領兵から月にいくらもらっているかは特に語っていないため、金額を記していない。このように例外事例はあるものの、月三万円以上交際相手に金を渡すことができる占領兵は、『街娼』の語りにかぎり、伏見区に住んでいる女性にはいない。また、伏見区以外の例外事例として、夏子は四条松原に住んでいて兵卒（二二歳）と交際している。夏子の場合は、交際相手の占領兵は、毎週末限定で夏子の下宿へやってきて夜九時頃に帰ることから、夏子は伏見区に住まなくても、兵卒の彼と交際を続けることができる。

(3) 将校と兵卒の賃金格差は8倍

占領兵の階級と給与について、将校クラスと兵卒との格差は大きい。したがって、物資や金銭の必要から占領兵とコンタクトした女性が受け取る金額は、占領兵の階級によって異なっている。

一九四七年九月、京都にジョン・E・グリスマンという二五歳の軍医（将校）が京都軍政部公衆衛生課長として赴任した。上司は公衆衛生福祉局長クロフォード・F・サムス大佐である。本書でとりあげる『街娼』の調査の助言を行なったソーシャルワーカー、エミリー・パトナム京都軍政部福祉課長の上司もサムスである。グリスマンとパトナムは、違う課の同僚だ。歴史学者の二至村菁はグリスマンが本国の両親へあてた手紙とカラー写真で、グリスマンからみた占領期京都を描いた［二至村 2015］(6)。グリスマンの手紙によると、兵士の月給は二〇ドルで、グリスマン自身の新任軍医としての月給は一六〇ドルだった［二至村 2015:42］。『街娼』に収録されている女性たちの語りは一九四八年頃の語りなので、一九四八年当時の為替レート一ドル二七〇円で計算すると、一九四八年のグリスマンの将校としての月給は新任軍医のままの最低賃金だとしても、月四万三二〇〇円もらっていたことになる。グリスマンのいう「兵士の月給二〇ドル」を兵卒の月給とすると、兵卒は月五四〇〇円もらっていたことになる。

一九四八年の小学校教員の初任給は月額二〇〇〇円で〔週刊朝日編 1995:102〕、二〇一五年度の小学校教員大卒の初任給は、二〇万一九〇〇円だ。[7] 両者の間には一〇〇倍ほどの差がある。この倍率をグリスマンの月給にあてはめてみると、一九四八年度のグリスマンの月給は今の通貨価値に換算すると、四三二万円の月給をもらっていたことになる。兵卒の場合でも、五四万円の月給だ。兵卒の月給は将校の月給の1/8とはいえ、小学校教員の初任給の倍以上の金が、占領地に駐屯する兵卒に支給されていた。

グリスマンの月給一六〇ドルは新任軍医としての月給であることを考えると、ベテランになるほどこの月給は上がっていく。一九四九年三月にグリスマンは、「GHQでサムス局長の部下となれば、月給はいまの三倍の七七五ドルになるはず」〔二至村 2015:300〕と言われていたことから、一九四九年三月の時点でグリスマンの月給は約二五九ドル（日本円で六万九七五〇円）になっていたことになる。さらにグリスマンの父親は第一次世界大戦中に米海軍の軍医〔二至村 2015:63〕、母親はソーシャルワーカー〔二至村 2015:187〕で、グリスマンは度々実家の母親に、同僚の日本人たちへのクリスマスプレゼントを送ってくれるよう要請している〔二至村 2015:51-52〕。すなわちグリスマンは独身である上に出身階層が高いので、日本での給料をすべて自身のために自由に使える状況にあった。グリスマンの事例から、将校でも重要なポジションにつけばつくほど、月二~三万円程度の金を交際相手に渡すことは簡単なうえに交際相手と同棲することも可能で、兵卒にはない金銭的、時間的自由が与えられていた。

ただ、グリスマンが、「一ドルが四〇〇円から八〇〇円、米兵の下着まで五〇〇円かで売れるんだとか」

［二至村 2015:25］と両親への手紙に書いているように、一ドルは固定相場の二七〇円よりも価値が高かったため、兵卒の月給二〇ドルにしても、実際は八〇〇〇円から一万六〇〇〇円の価値がある。とはいえ、この点を考慮しても占領兵が交際相手に月三万円以上渡せる場合は、やはり将校クラスの兵士と考えていいだろう。

また、一九四七年五月に看護課勤務のため米国からやってきたバージニア・オルソンの給料は本国で得ていた年棒の二倍で、「ホテル暮らしのオルソンは通いの日本人メイドを雇えるほどだった。給料、生活、地位、どれをとっても申し分なかった」［大石 2004:101］。軍属のオルソンにとっても、占領地日本の暮らしは恵まれていた。

これから本書で章ごとに詳しくみていくように、この賃金格差は、そのまま交際相手の日本女性の出身階層に反映している。すなわち、将校クラスの占領兵と親密な関係になる日本女性は、出身階層が高い傾向にある。また、今回の分析で明らかになったことは、日本女性が交際相手の占領兵からもらう金が月額一万円を境に、交際相手の階級が推測できるということだ。占領兵と交際する女性たちの住まいも、金額と無関係ではないことも本書地図②に示したとおりである。さらに、出身階層の高い日本人女性は兵卒と結婚を前提に交際している事例もあるが、それは例外事例ではなくむしろ、占領という圧倒的な権力の非対称性の結果を表している（後述）。

5. 本書について

(1) 扱う資料の特徴

本書で扱う資料は、前著で扱った『街娼』の他に、カズさんが占領期に実際に親しくしていた女性の語りを第四章で一例、GHQの資料からレイプの事例を第二章で複数例扱う。

本書で扱うこれらの資料の特徴について、それぞれ説明しよう。

① 『街娼』より「街娼の手記」、「街娼の口述書」、「街娼の聴取書」

前著でも主要資料として扱っているが、ここで今一度この資料の重要性について述べよう。

『街娼』はGHQの言論統制が行なわれていたさなかに、GHQ軍政部厚生課長エミリー・パトナムの助言のもと、京都社会研究所が京都地区における占領兵と性的な関係を持った二〇〇余名の女性の調査報告書である。のちにこの報告書は、『街娼　その実態と手記』というタイトルで、一九四九年一一月に有恒社から出版された。

京都社会福祉研究所は一九四八年から一九四九年四月にかけて、緊急に着手すべき調査のうちのひとつとして、街娼の実態調査を行なった。調査対象の街娼とは、占領兵相手に有償で性的サービスを行なっていた女性たちのことを指す。パトナムから、「研究調査の態度は、あくまで科学的客観的であるべきこと」と命じられたことを記している。この資料で街娼と名指しされた二〇〇余名の女性のアンケート調査結果や同時に収録されている研究員たちの個別論文はバイアスがかかっていて、科学的客観的であることは疑わしい。というのも、『街娼』の編者の一人で研究所長の竹中勝男が、「この調査は京都地区に於ける二〇〇名の街娼を対象としたもの」［竹中／住谷編 1949:6］と説明しているように、調査対象の二〇〇余名の女性たちをすべて街娼であることを前提として研究調査を行なっていること自体、すでにバイアスがかかった調査である。本書でこれから詳しく見ていくように、彼女たちは占領という圧倒的な非対称性のある状況で、さまざまな事情から占領兵と関係を持つに至った女性たちである。それでもなお、この資料が貴重だと言えるのは、彼女たちのうち八六名が自らの経験を詳細に調査員に語っているからだ。

京都社会福祉研究所は、所長の竹中勝男教授（同志社大学）の他、「所員臼井二尚教授（京都大学）、住谷悦治教授（同志社大学）、江藤則義教授（同志社大学）、石田良三郎氏（京都市労働課長）の諸氏、及び都築秀夫氏（研究所主事）、大塚達夫、豊田慶治、小倉襄二、千田八重、望月わかばの諸氏（いずれも研究所研究員）の他に、榎本貴志雄氏（平安病院医官）、小鴨芳一氏（中央保護所）、作田啓一氏（西京大学助教授）、荻野恒一氏（京都大学心理学研究室）その他研究所研究委員小川廣之助、脇田悦三、河田敏子諸氏、京都市警察局保安第二課大月警部補、中法保護所所長瀬古清一、紫草苑元苑長加田岡俊雄諸氏の特別な援助協力」〔『街娼』1949：ページ数記載無〕によってできた研究所である。社会学者を中心に、関連施設の医師や職員で構成された研究所だった。とはいえ、西川が重要な指摘を行なっているように、京都社会福祉研究所自体、「自主的な集合なのか、それとも集められたのか、集めた主体は誰かが曖昧」〔西川 2017:264〕な研究所でもあった。

二〇〇余名の女性たちの記録は、「街娼は、ほとんど毎日、M・P〔米軍の警察〕と〔日本の〕警察の協力によって、市内各地域からキャッチ（検挙）されて、平安病院（当時の京都市内の性病専門病院）に送られ、検診その他で三日間収容されているから、その期間を利用して、三日に一回宛、調査員が出張して、個別に面接聴収することにした。中央保護所へは京都駅附近から、警察および保護所員によってキャッチされたものが収容されるので、そこへは、住谷が臨時出張して面接調査することにした」〔竹中・住谷編 1949:120〕、という手順を踏んで集められた。文中の住谷とは『街娼』のもう一人の編者、住谷悦治のことだ。

中央保護所とは、京都市中央保護所のことを指す。場所は東本願寺の北裏手にあって、はじめは敗戦直後、元憲兵関戸孫春が個人的に京都駅付近の浮浪者を収容し、京都府から直接浮浪者の食糧を受けて支給し、経営していた収容所だ。その後この収容所は幾度か名前をかえて、一九四六年一〇月一日に生活保護法の実施にともなって、京都市中央保護所となり、それまで浮浪者の収容施設だったが、「孤児、老衰者、精神耗弱者、結核患者、」に加え、「街娼の一時収容」〔竹中・住谷編 1949:290〕も兼ねるようになった。

京都市内でキャッチされた女性たちは、平安病院か中央保護所のどちらかに送られて、性病の強制検診を受けさせられた。彼女たちの記録は、このときに病院か保護所のどちらかでとられたものだ。

性病に感染していることがわかった場合は、平安病院で性病が完治するまで強制的に入院治療を受ける。性病に感染していない場合は、戻るところがある場合は帰され、戻るところがない場合は紫草苑という、当時京都市岩倉にあった「街娼を収容して、更生させるための職業の補導と精神的な反省と修養に当るための、社会事業施設」〔竹中・住谷編 1949:290〕に入れられる。この施設は京都府から東本願寺が経営委託を受けた施設である。

二〇〇余名の調査自体はGHQ軍政部厚生課長パトナムが絡んでいるため、最終的にはGHQに調査報告として提出したと思われる。この書類以外に、中央保護所の事務吏員小鴨芳一（主事）が収集した記録こそ、本書で調査分析を可能にした貴重な記録である。小鴨は中央保護所では、浮浪者身上相談調査、職業調査諸報告の作成、定着収容者生活並びに作業指導、医療券発行の事務作業を担当していた。『街娼』のまえがきで竹中が、「小鴨芳一氏の蒐集された手記はとくに得難いものであった」と記しているように、『街娼』に収録されている女性たちの手記は、京都社会福祉研究所のオリジナルといえるだろう。また、「街娼の手記」の冒頭には、「文章も、字句も、仮名づかいも、全然原文のままで、少しも訂正していない。

判読するのはかなはない。例えば、へんぴ……××、おもた……思った、うき……行き、ゐかい……愉快」と記されていることからも、彼女たちの記録を原文のまま残そうという努力を、研究所のスタッフはしていたようだ。厳密に言えば彼女たちの手記がどこまで原文通りなのか、確認することは今となっては難しい。調査員の編集が入っている可能性もある。さらに『街娼』が出版された時期はGHQの言論統制時期にあたるため、GHQの検閲によってところどころ伏字にされている時点で、「少しも訂正していない」とはいいがたい。こうした点を割り引いたとしても、彼女たちの記録が残されたおかげで今回、占領兵たちの日本女性への性的接触を、彼女たちの語りを徹底的に分析することで明らかにすることができた。と同時に、占領期という混乱と敗戦の傷跡が深い状況の中で、占領兵と性的な関係を結ぶという選択が、彼女たちの限られた生存戦略のひとつだったことを、本書であらためて明らかにすることができた。

調査は次の手順で実施された。

当研究所では、昨年十二月から本年四月までに、二百余名の街娼について個別に面談し、相当の時間を費やし、詳細な聴き取りを作成し、彼女らの実態を内面的にも把握しようと試み、手記、聴取書、手紙、メモ等、相当の分量を蒐集しえたのであり、またそれこそ、当研究所の調査の特長であると思われる。〔竹中・住谷編 1949:121〕

八六名の内訳は、「街娼の手記」一五名、「街娼の口述書」六〇名（うち「番外」五名で欠番が多い）、「街娼の聴取書」は一一名で、「街娼の聴取書」のみ調査員がまとめた記録で、それ以外はすべて彼女たちの

「生の声」が文章として記録されている。「街娼の聴取書」については、当初、文字が書けない女性に代わって調査員が代筆したという仮説を立てていたが、調査員が代筆したひとたちの中には、高学歴の女性の語りも調査員がまとめていることから、必ずしも文字が書けないという理由だけで調査員がまとめたものではないことが、あとからわかった。それではなぜ調査員が彼女たちの語りを代筆したのか、その理由は記されていないし不明である。

また、それぞれの語りには№1、№2と連番で番号が記されているが、途中で番号が飛んでいる。飛ばされた番号の内容についても、『街娼』ではなにも記されていない。調査員がまとめた「街娼の聴取書」は、いきなり№92から始まっていて欠番も多い。西川は、占領期の研究会でこの調査表の欠番が話題になったとき、「特定の相手がいる女性の場合はとくに相手の名前が調査表に載り、その相手がGIではなくサージャント、つまり将校以上あるいは高官であった場合、カードを隠すか廃棄したのではないかという意見が出た」が［西川 2017:255］、その可能性は高い。それに加え考えられる可能性として二つある。まず、将校ではなく下士官の位置づけにあるMP——直接キャッチする兵士——と交際する日本女性がキャッチされた場合、次に正式に結婚している占領兵の日本人妻がキャッチされた場合、なども欠番扱いにしたのではないだろうか。

彼女たちの年齢は一六歳〜三六歳で、平均年齢二一歳である。また、中退、卒業を含め女学校以上の学歴の女性は、過半数存在する。

文部省調査局によると、女子の中等教育進学率は一九三五年一六・五％、一九四〇年二二％（URL①）であることから、占領期以前の女学校は、経済的余裕のある家庭の女子しか進学できなかった［弥生美術館・内田編 2005］。このことから、出身階層が比較的高い女性が占領兵と親密な関係になっていることがわかる。

これは、米国の同盟国であり被征服国であったフランスの状況と一致する。ロバーツによると、フランスには当時、「ボニシュ」と呼ばれた女性たちがいた。「ボニシュ」は、「お手伝い」の蔑称である。彼女たちは、解放軍としてフランスにやってきた米兵の恋人や「フィアンセ」として交際することを選んだ、「良家」の子女であることも多かったと指摘する［ロバーツ 2015:169］。ボニシュは、「軽蔑されると同時に、恐れられてもいた」［ロバーツ 2015:171］存在であったことからも、占領期日本のパンパンといわれた女性たちに類似している［茶園 2014］。ロバーツは、農家の娘たちは、「アメリカ人の夫を見つけようと町に出てきたはいいが、「恋人」が出航すると売春に手を染めるのがオチだった」［ロバーツ 2015:242］と指摘しているが、占領兵と親密な関係にある日本女性もそのようにみられていた［茶園 2014］。

ここで日本の占領と比較する意味で、ドイツ占領から解放後のフランスの状況に注目しよう。解放後のフランスには、見せしめとして丸刈りにされたフランス女性たちがいた。彼女たちは解放軍（連合軍）が来る前のフランスで、フランスを占領していたドイツ兵と親密な関係にあった女性たちである。藤森晶子によると、ドイツの占領から解放されたフランスでは解放軍である米兵と交際した結果、米兵と結婚して渡米したりする女性がいる一方で、「ドイツ人兵士と関係があった女性たちへの暴力や迫害、そしてこのような関係から生まれた子供への差別的扱いは一向に止んでいなかった」［藤森 2016:68］。フランスでは、解放軍兵士との交際は住民に受け入れられる［藤森 2016:68］とはいえ、ボニシュという蔑称で呼ばれていたフランス女性の存在に目を留めると、解放軍兵士と交際する女性に対しても、占領兵との婚姻に至らなかった女性たち同様、住民は侮蔑的なまなざしを向けていたことになる。この状況は日本の占領と似ている。

一方で、日本の占領とまったく異なっている部分がある。それは、ドイツ占領からフランスが解放されたとき、占領期にドイツ兵と交際していたフランス女性は「敵に寝返った女」として、フランスを解放した解放軍兵士と交際していたフランス女性は「勝者に寝返った女」として、それぞれにスティグマを負わされたのである。

本書でとりあつかう女性たちは、八六名中、占領兵と性的な関係にあった六三名に焦点を絞っており、日本人男性と性的な関係にあった二三名については扱わない。彼女たちそれぞれの語りには、現住所（あるいは出生地、または現住所と出生地の両方）、生年月日、氏名（仮名）が記されている。氏名は仮名だが、どこまで仮名なのか判別できないため、個人の特定を伏せるためにも、前著では本文に登場する女性の氏名をすべて花の名前、あるいは花を連想する季節の名前をもって仮名とした。花の名前にした理由については前著「謝辞」で述べたが、簡単に説明しよう。

彼女たちの名前をあえて花の名前、あるいは花を連想する季節の名前にした理由は、女性だから花の名前にしたというわけではない。そうではなく、わたし自身交通事故に遭い嗅覚障害に陥ったことに起因する。嗅覚障害のために、季節を知らせる花の香りがわからなくなるという期間が一〇年間程あった。この一〇年間は、花の香りのみならず、香りと分かちがたく結びついていた楽しい記憶も想い出すことができなかった。このような自身の嗅覚障害だった時期の状態を重ね合わせることで、公に語れない想い出を持っている彼女たちの気持ちに可能な限り寄り添おうと思い花の名前を選んだ。本書は、前著と同じ人物の場合は引き続き前著と同じ仮名を使用している。

また、彼女たちの名前が、ひらがな、カタカナ、漢字とさまざまな表記になっているのは、ジェンダー的に特別な意味があるというのではなく、分析人数の関係で単に類似した名前を誤読しないようにするためである。たとえば、「あさ」「アキ」「秋子」といった名前の場合、全く別人物であるということが一目でわかるように、あえてひらがな、カタカナ、漢字表記を採用した。というのも、当初は彼女たちの名前をすべてひらがなにしていたところ、分析しているときに彼女たちのデータを読み間違えるという、致命的なミスをおかしてしまったからである。

②占領地日本のレイプに関するGHQ報告書

上記の資料に加えて、レイプに関するGHQの資料を利用する。GHQのCID（犯罪捜査局）の週報には、占領地日本で占領軍兵士が起こした事件が週ごとにまとめられており、占領軍の日本女性へのレイプに関する事件も、そのなかに記載されている。(8)

占領期日本での占領兵のレイプ報道も言論統制で、報道することはできなかった。このことも前著で詳しく述べたが、重要なことなので本書でも繰り返し述べよう。

占領期当時、米軍MPのジープに同乗し、通訳警察官として市内パトロールを行っていた、通称MPライダー原田弘は、当時の占領兵に関する占領地での犯罪の新聞検閲について次のように語っている。

米兵が強盗を働いても新聞記事にはならなかった。かりに記事になったとしても「犯人は背が高く、色が黒かった」としか書かれない。犯人は米兵であったと書くと、プレスコードにひっかかってしまう。だから、死者の出るような大きな交通事故が起き、新聞記者が現場に駆けつけても、それが米軍関係の事故とわかると、取材をあきらめてさっさと帰ってしまうことが多かった。［原田1994:97］

本書でとりあげている占領兵のレイプの資料は、GHQに報告されたものだが、新聞では報道されなかったものだ。本書が注目している一九四九年に近い年代に実際に起きた占領地のレイプに注目することで、占領地女性に向けられたレイプがどのようなものだったのか、と同時にレイプ被害者はどのような生存戦略をとったのかを本書で考察する。実際にレイプ被害に遭った『街娼』の記録に残されている女性たちの語りと合わせて、レイプの加害者側の占領兵が属していたGHQの、占領地日本女性へのレイプに関する報告書を読み解くことで、占領地という圧倒的な非対称の暴力のなかに日本女性は置かれていたことをあらためて確認したい。

③生き証人カズさんの語り

本書には、前著になかった重要な新資料が採用されている。それは、占領期当時に実際に占領兵と性的関係にある女性に世話になったという、当事者のカズさんの口承資料である。

カズさんには二〇一五年五月から二〇一六年一二月に至るまで複数回に分けて、その当時のことを自由に語っていただき、ICレコーダーに録音した。この音源を、うえの式質的分析法を用いて分析した。

(2)うえの式質的分析法による徹底した帰納法分析

本書は、うえの式質的分析法[9]を用いて前著で扱った資料『街娼』を再度分析し直した。うえの式質的分析法とは、人類学でなじみの分析方法のひとつ、KJ法の発展型である。KJ法は、人類学者川喜田三朗が考案した質的情報分析法のことで〔川喜田 1967,1970〕、発展型の部分は、本書の恋愛の生存戦略と結婚の生存戦略の章で用いた、マトリックス（表）分析である〔上野 2017a:138〕。のちほど詳しくみていくように、このマトリックス分析によって、占領兵と恋愛する積極性を示す日本女性の特徴、占領兵から結婚の約束を引き出す日本女性の特徴、そして占領兵はどういった階層の日本女性と親密な関係になっていたのかを明らかにすることができた。

ミュールホイザーは、合意の上で関係を結ぶ女性と男性の動機は異なり、それぞれ多様であったことを史料から確認しているが［ミュールホイザー 2015:147］、本書では、占領兵による語りや記憶は扱わない。むしろ、徹底した帰納法分析を用いて、『街娼』に収録されている女性たちの個別具体的な事例に注目することに焦点化した。その理由は、パンパンとひとくくりにされ、長い間世間から「黙殺」されてきた女性たちの語りにこだわることで、コンタクト・ゾーンを生き延びようとする彼女たちの生存戦略が見えてくるからだ。

(3) 本書の構成

本書の構成について、第1章ではパンパンとスティグマ化されるに至る原因となった制度的な背景を述べる。

第2章以降は、第1章で明らかにした制度的な背景をふまえ、『街娼』に収録されている女性たちの語りから、第2章から第10章まではレイプ／売買春／恋愛／結婚というテーマにそくして占領兵と親密な関係になった日本女性のテーマごとの個別具体的な生存戦略を考察する。第11章と第12章では、レイプ／売買春／恋愛／結婚というテーマには連続性が生じている事例、すなわちレイプ／売買春／恋愛／結婚が圧力による選択から力による強制までの連続体上に存在する［ケリー 2001:96-97］事例を扱っている。第13章は、占領兵との婚姻をめぐって、第14章は占領兵との間に生まれた子どもをめぐって、ドイツやフランスの事例と比較しながら、当事者である沈黙している女性や子どもが自らの経験を語ることが可能になるには何が必要かを考察する。

(4) 本書の記述方法について

本書も前著同様、なるべく専門用語を使わないように、注釈も最小限度にとどめるよう意識した。本書は占領期を知らない読者を念頭においているので、引用文も適宜、現代仮名づかいに改めた。年齢は原文では数え年だが、本稿では調査日の時点での満年齢にしている。引用文中の伏字はそのままにしているが、説明を加えるときに文脈に応じて占領軍、MP、占領兵、将校、兵卒といったことばをあてはめている。また、看護師という呼称を用いずに、当時の看護婦という呼称をそのまま用いた。引用文で筆者の補足説明の部分は〔 〕でくくっている。

註

（1）冨本勝義さんの語りを引用することを快く許してくださった、ご子息の冨本裕司さんならびにご家族のみなさまに感謝いたします。また引用の件で、冨本裕司さんにアクセスしてくださったNHKエンタープライズ伊東亜由美ディレクターに感謝いたします。

（2）占領期神戸の貴重な写真の数々をご提供いただいた衣川太一さんに、心より感謝申し上げます。

（3）写真には、"COL. PERSE LOOKING OVER SOME NEW GEISHA GIRLS" と記されている。

（4）文化人類学者の田中雅一はプラットの概念を広げ、コンタクト・ゾーンを、「異なる文化背景を有する人びとの接触が生じる領域」［2011a:ii］であるとし、占領期の日本社会をコンタクト・ゾーンと位置づけ、「パンパン」たちをめぐる、日本の知識人、運動家、子どもたちといったさまざまな立場の言説分析をおこなっている［2011b］。また、占領期の「パンパン」をめぐる研究は、岡田［2017］が女性史や文学作品を問わず、これまでの研究を整理しているので参照のこと。占領軍将兵からみた言説を分析しているものとして笠間［2012］、青木［2013］が詳しい。

（5）立命館大学産業社会学部鈴木良ゼミナール©の『占領下の京都』［文理閣 1991］は、鈴木良ゼミの学生による、

「戦後日本の社会史的分析――戦後改革期の京都」をテーマにした共同研究報告書である。占領期京都を明らかにする極めて重要な資料である。

（6）同書をご紹介くださった京都新聞社永澄憲史さんに感謝します。

（7）総務省自治行政局公務員部給与能率推進室調査係による、二〇一五年四月一日地方公務員給与実態調査結果による。http://www.soumu.go.jp/main_sosiki/jichi_gyousei/c-gyousei/kyuuyo/pdf/h27_kyuyo_1_03.pdf（閲覧日二〇一七年三月二六日）

（8）Weekly Summary of Events という資料で、週ごとに起こった事件の件数や報告が掲載されている。RG331/SCAP/BOX9894（c）

（9）上野千鶴子監修・一宮茂子・茶園敏美編『語りの分析〈すぐに使える〉うえの式質的分析法の実践』（『生存学研究センター報告』二七号）立命館大学生存学研究センター

第1章　制度的背景

1．占領軍慰安施設開設と「防波堤」として選別される女性たち——神戸市の場合

「パンパン」という差別用語を産みだし、のちにスティグマとなる原因のひとつに、占領軍慰安施設の開設が深くかかわっている。一九四五年八月一八日に内務省が発した、「占領軍の進駐時に間に合うように進駐軍将兵用慰安施設の設営を急げ」という緊急指令を実行するために、その数日後に日本各地で占領軍専用慰安施設が開設された。

この慰安施設の開設は、矛盾に満ちたものだった。神戸新聞社の関連会社にあたる兵庫新聞社編集局長岩佐純はこのときの気持を、次のように記している。

一般の善良な婦女子をオオカミのような占領軍から守らねばならぬ。〔兵庫〕県警察本部は中央の指示でその防波堤として慰安所の設置を急いだ。プロやセミプロの女性に犠牲になってもらって大部分の女性を救おう。苦しい大義名分だった。米軍相手の〝女郎部屋〟をつくるのだ。それも警察がその世話をするのだ。泣くに泣けない情けない気持ちだった。良家の子女を守るために。［岩佐 1966:41］

岩佐は戦後二〇年目にこれまで取材してきた記事を「裏面史、秘められた真相」として、『兵庫・風雪二十年』〔兵庫新聞社刊 1966〕にまとめた。『兵庫・風雪二十年』の巻頭には、金井元彦（兵庫県知事）、原口忠次郎（神戸市長）、浅田長平（神戸商工会議所）、岸田幸雄（元兵庫県知事・参議院議員）、中井一夫（元神戸市長）といった兵庫県や神戸市の行政や財政を担った新旧の政財界の主要メンバーが原稿を寄せていることから、『兵庫・風雪二十年』に書かれている占領軍慰安施設設置にまつわる話について、これらメンバーが認めた内容といえよう。

岩佐が書いた内容から、占領軍専用慰安施設が日本各地に開設されたときはすでに、国の犠牲になってもらう女性と、そうでない女性という選別が行なわれていたことがわかる。地域によって慰安施設の設置状況や名称は異なるものの〔早川 2007、平井 2014〕[(1)]、共通していることは、「性の防波堤」として「プロやセミプロの女性」〔岩佐 1966:41〕が最初に占領軍に差し出すことが決められていた。

「性の防波堤」という名目で開設された国家事業の占領軍専用慰安施設という発想は、日本軍の性的慰安所を想起させるし、満洲からの引き揚げ者に対するソ連兵からのレイプの「防波堤」にも通じる発想だ。この三つに共通する点は、いずれも「一般婦女子」ではない女性たちが真っ先に「性の防波堤」として差し出されたことにある。満洲では「性的サービスに従事していた女性」〔古久保 1999:5〕、いわゆる「特殊職業の婦人」〔山本 2013:31〕が「一般婦女子」と区別されている[(2)]。

第二次世界大戦中、ヒトラーが率いたドイツ国防軍（これ以降、国防軍と記する）が占領地各地で建設した軍用売春施設について、設置の客観的判断基準を示すものは史料には何も見当たらないと断った上で、ミュールホイザーは興味深い指摘を行なっている。それは、兵士同士の同性愛的な接触が明るみにでたことが、売春施設設置の理由の一つになったことだ〔ミュールホイザー 2015:133〕。ミュールホイザーは、国防軍内部での同性愛について論じられているいくつもの文献を分析したうえで、「思いやりと安心感をもたらす戦友関係と同性愛との境界は時として流動的であった」とするトーマス・キューネを引用している［ミュールホイザー 2015: 注 p21（115）］。もちろんドイツ国防軍は、占領地での蛮行を防ぐ意味で「性の防波堤」という設置理由もあったかもしれないが、軍隊内の同性愛的な接触を防ぐために売春施設設置という発想は、日本軍の性的慰安所にしても敗戦後間髪入れず日本の国家事業として開設された占領軍慰安施設にしても、設置理由としては今のところ明らかにされていない。ただし、占領下日本における岐阜県の黒人部隊について、黒人部隊出身の兵士へインタビューや米国立公文書館での一次資料で分析した岡田泰弘は、「占領下の日本に駐屯していた黒人部隊において、性病の蔓延や白人司令官の人種偏見ゆえに、同性愛行為や同性愛者の存在が容認されていた」［岡田 2011:89］という興味深い指摘を行なっている。岡田の指摘は、キャンプ岐阜の第二四歩兵連隊に限っているが、この部隊における同性愛者に対する比較的寛容な雰囲気の背景として岡田は、「異性間性行為を介した性病の蔓延が部隊内で深刻化していたこと」で、「部隊内の同性愛者を取り締まることよりも、性病の蔓延の方が士気の低下や兵力の損失に関わるより深刻な問題であった」ことと、「ハロラン司令官の黒人兵士に対する人種偏見が、士官を含めたゲイの黒人兵士の容認、あるいは無関心ともとれる態度に結びついたと考えられる」［岡田 2011:88］と、当時の黒人兵へのインタビューに基づいて分析している。岡田の分析を踏まえると、軍隊内の同性愛的な接触を防ぐために売春施設を設置したドイツ軍とまったく逆で、日本占領における占領軍の黒人部隊の場合、性病蔓延を防ぐために同性愛が容認されていたことになる。ただし占領軍の同性愛容認の根底には、黒人兵への人種偏見に立脚したものであることに注意を払う必要がある。

「慰安婦」問題は「国家による犯罪」というだけでなく、「男性による性犯罪」［上野 1998,2012］であるが、占領軍慰安施設開設にしても、女性を「差し出した」のは組織や当局側の男性たちであったことから、国家による犯罪であると同時に男性による性犯罪という視点ははずせない。

ドイツでは、国防軍用売春施設の他に、強制労働者用売春施設があった。歴史学者姫岡とし子によると、強制労働者用売春施設とは、収容所労働現場の生産効率を向上させるための報奨手段として、一九四二年のマウトハウゼンを皮切りに、一九四五年初頭のアウシュヴィッツなど一〇か所の強制収容所に設置された売春施設である。売春施設を利用できるのは、囚人の中で役職についていた者や特別な職能の持ち主等、一部の特権的囚人に限られていて、ユダヤ人は対象外だった［姫岡 2018:231-232］。特権的囚人には、ユダヤ人のみならず女性も含まれていない。すなわちドイツの場合、特権的な男性の囚人用に強制収容所内に売春施設が用意され、女性は組織の男性たちに性労働を強いられる状況にあった。

西川は、かつて日本の軍隊に密着して中国大陸に軍隊向け歓楽施設を開店していたキャバレー経営者が戦後、行政から要請があって占領軍慰安施設を開設していたことを明らかにしたうえで、「植民地進出、戦争、敗戦と被占領、そして戦後は、人において、物において、構造において断絶することなく連続していた」［西川 2017:245］と指摘しているように、占領地女性の「性の防波堤」は、戦時中からの連続性の視点からみていく必要がある。

兵庫県警保安課は、内務省が発した緊急指令を実行するために、一九四四年二月に廃止した保安課を一九四五年八月二二日に復活させた［兵庫県警察史編纂委員会編 1975］。兵庫県警保安課の渉外係が接遇係となって、占領軍専用慰安施設の世話に奔走した。神戸市の場合、一〇〇〇人の女性を集める必要があったが、終戦時は長田区の双葉新地と丸山地域二〇件に娼妓一五〇人が細々と営業を続けている状態で一〇〇〇人も集まらなかったため、不足分を「プロやセミプロの女性」［岩佐 1966:41］以外の女性から募ることとなった。新聞の求人広告や駅付近等の電柱等を利用して、表向きは「ダンサー」や「女給」を急募した。結果的に、行政が守るはずだった「一般の善良な婦女子」も大勢集められた。国内の男たち相手の遊郭も、占領軍専用慰安施設を開設することを全面的に協力することが急務であった。

ドイツでは、強制労働者用売春施設を管理していたのは親衛隊[3]だった。強制労働者用売春施設で働かせる女性たちの選別方法について親衛隊は当初、「売春」を根拠に収容された女性たちの中から、自発的な応募によって強制労働者用売春施設の性労働者を確保しようとした。だがその人数は少なかったため、結果的に大半の女性が半強制的に性労働者に選別された［姫岡 2018:232］。最初に「売春」絡みの女性を強制労働者用売春施設の性労働者として働かせようとしている点は、先ほど挙げた兵庫県警保安課による占領軍慰安施設開設の接客婦集めと同じである。両者とも、「売春」の経歴を持つ女性たちが性労働者として働くことは、自明視されてしまっているからだ。

ドイツの強制労働者用売春施設の性労働者の選別方法は、容貌の良い女性一〇〇名がまず選ばれ、シャワーを浴びさせた後、裸体を親衛隊が観察して、潰瘍や吹き出物のない女性五〇名が選別された［姫岡 2018:232］。姫岡は［Schulz1994］の論文から、親衛隊は、「下品で冷笑的な感想を述べて、選別を楽しんでいた」ことを見出している［姫岡 2018:232］。組織の男性たちに性労働を強いられた女性たちは、その選別自体が性暴力であったことから、ドイツの強制収容所内慰安施設開設は、重層的な「男性による性犯罪」が行なわれていたといえよう[4]。

写真①は、〝BUILDING OF LOVE〟「愛のビルディング」というキャプションがついている。黒枠（筆者補足）内にあるのはベッドだ。建物の窓枠と比較してかなり大きなベッドがずらりと改築中の建物の前に置かれていることから、このビルは占領軍専用慰安施設であることがわかる。たくさんのベッドが積んである改築中の建物は、撮影者の占領兵にとって、戦場を忘れさせてくれる征服した国でのエキゾチックなオアシスであり、征服した国の女性たちと「愛」を育む象徴なのだ。だからこそ、この建物の写真に、「愛のビルディング」というキャプションをつけたのだろう。

一方、この施設で占領兵の性的相手をする接客婦たちは、この施設を「愛のビルディング」と思えただろうか。占領されなければ占領軍専用慰安施設は存在しなかったし、占領兵相手の接客婦も存在しなかった。この写真のキャプションの付け方に、占領という圧倒的な権力非対称の暴力が現れている。

一九四八年二月二〇日付神戸新聞に「街の女と語る」と題して、知識人と現役の「街の女」(「パンパン」と同義語)の座談会に興味深い内容が掲載されている。この座談会参加者の「街の女」のひとりが、自身の妹が占領軍専用慰安施設の接客婦だったことを明らかにしている。妹が応募した動機について、「最初は特殊ダンサー募集などの美名で米

写真①

の特配があるなどと誘われて」と語っていることから、「特殊ダンサー」という名目で接客婦の公募があったのだ。(5)

神戸の占領軍専用慰安施設の「慰安婦」について、以下のような記述がある。

ともかく慰安婦は集まった。一方、この女性たちを収容し米兵を迎える慰安所造りも急ピッチで進められた。ご飯とキモノを求めて集まった女性たちに、米や衣料を集めねばならない。物資の少ないときである。特別に優先配給の手続きをとった。慰安所にするビルの明け渡しの交渉、水洗トイレやベッド、夜具集め。［岩佐 1966:42］

座談会の「街の女」が語っていた「米の特配」とは、米の特別優先配給のことを指す。「イモや大豆のおカユ、代用食にさえ不自由していた時代である。背に腹は代えられない」。その結果、「素人の〝良家の子女〟まで応募してきた」［岩佐 1966:42］。

物資が欠乏している上に戦争で住まいもない状況のなかで、一家離散だったり、家族を養わないと共倒れになる状況に立たされていたりしたら、いくら「自由意志による志願」であっても、「きれいなキモノが着れてご飯がたくさん食べられる」という「魅力」に抗えただろうか。(6) ここでも、自発と強制の線引きはむずかしい。

本書「はじめに」で掲載した五人の女性（写真①）が着ているドレスや晴れ着は、占領軍慰安施設の開設が国家事業であったからこそできた身支度である。さらに占領期の日本でＭＰだったドン・スヴォボダの姪、テレーズ・スヴォボダによって書かれた『占領期の日本』［スヴォボダ 2011］によると、占領期当時の売春宿は占領軍兵士たちから「ゲイシャハウス」と呼ばれていた。スヴォボダの本で引用されている『兵士のための日本案内』の、「戦前、本物の芸者は絶対に売春をしなかった」という記述に注目すると、『兵士のための日本案内』の執筆者ははからずも、ゲイシャは売春婦の総称として間違った情報が米国に広がっていたことを明らかにした。

占領軍専用慰安施設は、占領兵たちで大いににぎわった。

〝慰安施設作戦〟も成功した。米兵は着剣したままのブッソウな姿で列を作った。白人兵、黒人兵、将校たちを問わず女性に飢えていた。おとなしく並んで順番を待つ米兵をみて警察も胸をなでおろした。慰安施設の従業員（慰安婦）たちも初めはこわがっていたが笑いをとりもどした。日本の男性と違って意外に紳士的でやさしかった。（中略）ともあれ一般婦女子への乱暴は避けられた。悲しい犠牲者の秘められた功績であった［岩佐 1966:43-44］。

岩佐の引用はこのあと、「一方、県市幹部たちも高級将校への女性の世話に頭をいためていた」という文章で終わっている。高級将校への「女性の世話」はどのような対処がなされたかは記されていないが、岩佐の言葉で注目すべき点は、神戸市では新聞での慰安所の接客婦の一般公募は、高級将校ではない占領兵専用の慰安所で働く接客婦の公募であり、高級将校と区別されていたことがわかる。

そして岩佐の述べる、「悲しい犠牲者の秘められた功績」とは、占領軍専用慰安施設の接客婦として占領地日本の女性たちが差し出されたことを指す。とりもなおさず差し出したのは、当局側の男性にほかならない。

2．占領政策の結果としてのパンパンガールの出現──防波堤から犯罪者へ

パンパンの登場は自然発生的ではなく、占領政策の結果という背景がある。一九四五年九月二六日に神戸で開設された占領軍将兵施設は、同年一二月一五日にGHQから占領兵に対して慰安施設への立ち入り禁止（オフ・リミッツ）が発令された。その結果、占領軍専用慰安施設は開設三か月足らずで、客の兵士に性病が蔓延したという理由で閉鎖になった。兵庫県の場合、このオフ・リミッツは、一九四六年一月二二日GHQが発表した日本における公娼制度廃止の前提措置で、「一〇〇〇人をこえる慰安婦は失業し、次第に街娼化していった、いわゆるパンパンガールの出現である」〔兵庫県警察史編纂委員会編 1975:515〕と記録されている。正月間近の時期に失業した接客婦たちは、街娼となった。

一九四五年一二月二〇日付『神戸新聞』に、神戸の占領軍慰安施設が閉鎖した三日後に行なわれたキャッチの報道がある。この時点ではじめて、「闇の女」ということばが新聞に登場した。新聞の見出しは、「挺身隊　成れの果ては闇の女　一斉取締りの網に良家の子女も」とある。一斉検挙された女性のなかに、戦時中は勤労挺身隊として働いていた者が多かったことを念頭におくと、GHQ公衆衛生福祉局長のクロフォード・F・サムスの次のことばは、かなり深刻な社会的背景を指摘していることに、あらためて気づく。

戦争中は、何千という若い女性が、軍需産業などで働くために農村地帯から都会へ連れてこられ、寄宿舎に入れられた。戦争末期には戦災による被害もひどくあり、多くの軍需産業施設は破壊された。また都市への爆撃の結果、彼女たちの家族は殺されたり、離散したりして、住む家もなくなってしまっ

ていた。戦争が終わったとき、彼女たちは働く場所もなく、生計をたてるために売春婦にならざるを得ない人たちも多くでた。日本の性病対策には、重要な社会的、経済的問題が絡んでいたのである。

［サムス 1986:188-189］

占領軍慰安施設が戦中の軍需産業施設同様、国家事業の一環であったという観点から考えると、軍需産業等に徴用されていた女性のなかで、戦後、占領軍慰安施設で接客婦として働いた女性は、結果的に戦中戦後連続して国に「奉仕」してきたことになる。にもかかわらず、占領軍専用慰安施設のいきなりの閉鎖とともに、今度は性病をまき散らす「犯罪者」としてキャッチのターゲットにされてしまった。しかも、「退職金」に代わるものとして彼女たちが無理やりおしつけられたのは、「パンパン」というスティグマだ。このスティグマは性的な事柄にかかわるため、スティグマを貼られた側は公にしにくい性質を持っている。

『神戸新聞』には、占領軍専用慰安施設で働いていた接客婦のことは全く報道されていない。当時GHQの言論統制の影響で、彼女たちのことは新聞で報道することはできないという状況にあったことを考えると、キャッチされた女性のなかには、占領軍専用慰安施設の接客婦だった女性もいるだろう。

施設閉鎖三日後にキャッチが行なわれたことに注目すると、慰安施設の閉鎖は閉鎖日よりもずっと前に決められていて、そのときに慰安施設閉鎖の三日後にキャッチを実施するという計画が、GHQと警察の上層部の話し合いでなされたとしてもおかしくはない。突然職を失った慰安施設の接客婦たちは、街頭で占領兵を相手に客引き（いわゆる街娼）をするという予想を、当局側はあらかじめ立てていたことがうかがえる。街頭のキャッチは、アバウトなものだった。西川は、占領期のインタビューをするなかで、「レストラン経営者のお嬢さん、神戸育ちのファッショナブルな服装が似合う姉妹が連れ立って四条通を歩いていたところ、妹が突然、目の前に止まった「進駐軍」のサイドカーに乗せられ司令部のあった大建ビルへと連行された」ことを知る。彼女が連行されたのは、「ナイロンの靴下が原因であった」［西川 2017:148］。一九四九年二月一日白昼、大分県別府市で行なわれたキャッチでは、母親と一緒に配給を受けとりにやってきた女性が、配給所の前で中にいる母親を待っているときにいきなりキャッチされたことが、ＧＨＱの報告書に記載されている。別府市の事例は、大分県議会がＧＨＱの大分県軍政部へ報告された事例である。(7) キャッチされた女性は、中にいる母親にすぐ知らせようとしたが当局側に拒否され、ぞんざいにジープに押し込まれ、警察署へ連れて行かれた［茶園 2014:195］。別府市の事例は、なにがキャッチの決め手になったのかは報告書には記載されていないが［Goodrich1949］、ナイロンの靴下を履いているだけで即キャッチという判断基準がＭＰ側にはあったということを、京都の事例は示している。

神戸の場合、初めてのキャッチということもあって、当局側はなるべくミスキャッチ（誤認検挙）を防ぐ必要がある。だとすれば、閉鎖した慰安施設の接客婦をキャッチのターゲットにしたとしても不思議ではない。ＭＰとともにキャッチを行なう保安課は、接客婦たちの世話係、いいかえれば彼女たちの身体を管理する側であったのだから、彼女たちのことは熟知している。ミスキャッチの多発で世間から当局側の評判をおとして今後のキャッチに差しさわりがあるよりも、占領軍専用慰安施設の接客婦をターゲットにすれば、当局側にとって「申し分ない」。

これまでみてきたように、日本の「パンパンガールの出現」は自然発生ではない。そもそも、占領軍専用慰安施設の接客婦を調達する発想そのものが、「娼婦差別」に立脚している。さらに、施設そのものが日本を占領している戦勝国の男性のための性的慰安施設であって、当局側の男性によって用意されたものである。そしてその施設で勝者側の男たちに性的慰安を提供する接客婦たちは、日本の組織の男性たちの手によって集められたのである。にもかかわらず彼女たちは、「娼婦差別」に加え「勝者側の男たちに寝返った女」というスティグマを負わされ、侮蔑的な視線を浴びることになる。

3.ミスキャッチの「モデル被害者」の訴えによるスティグマの強化

パンパンというスティグマ化がさらに強化されていく原因の一つとして、当局側の度重なるミスキャッチがあげられる。ここでくりかえしになるが、ミスキャッチとは、性病に感染していないにもかかわらず、キャッチされ強制的に性病検診を受けさせられることを指す。誤認検挙のことである。

ミスキャッチされた女性たちの訴えがメディアで注目され、国会で取り上げられるに至ったのは［茶園 2014:188-189］、彼女たちが「モデル被害者」であったからだ。キャッチの場合の「モデル被害者」とは、「パンパンではないのに、不当にキャッチされた」と訴えることができる被害者のことだ。

新聞で報道されたミスキャッチ

年月日	時間	場所	職業	何をしている時
1946.11.5	19:30	池袋	映画会社社員２名	帰宅途中
1947.5.31	19:30	名古屋	不明	自宅近くで友人と立ち話中
1948.5.4	20:00	有楽町	聖路加病院看護婦２名	帰宅途中
			教会英語教師	

上の表は、新聞紙上で報道されたミスキャッチをまとめたものだ。

一九四六年一一月一五日ミスキャッチされた女性二名の場合は、社会党加藤シヅエ、米山久子両議員が警視庁を訪れて「〃ヤミの女〃同様に扱った当局の態度に抗議した」という報道がなされている［『朝日新聞』1946.12.7］。名古屋のケースは、ミスキャッチされた女性が病院で服毒自殺をとげた。このことをかなり大きく報道した『朝日新聞』一九四七年五月三一日版のキャプションは、「『街の女』と疑われ死で答えた〝純潔〟切々、手帳につづる娘心」、「乙女、死をもって抗議「解剖上、純潔を証明して……」ヤミの女扱いに悲憤」となっている。一九四八年五月四日の事例は、三名の女性がそれぞれ勤め先から帰宅途中にミスキャッチの被害に遭った〔『婦人民主新聞』1948.5.4〕。この記事の冒頭には「さいきんまじめな勤労婦人をヤミの女あつかいにして連れてゆき、強制検診を行って、娘としてたえられぬはずかしめを与えた日映連〔日本映画演劇労働組合〕をはじめ各職場婦人の不当労働問題は、全婦人の憤慨をよび起こし、ついに「女性を守る会」にまで発展したが、全婦人の憤慨拡大で当局の態度も少しは改まったかと思いのほか、そろそろほとぼりのさめたこのごろ、またもや同じ問題が東京都千代田区管内にもち上がった」とある。

これら記事の共通点として、いずれも「ヤミの女」、いわゆるパンパンに間違われてミスキャッチされたことに対する抗議である。一九四六年の映画会社の女性たちのミスキャッチとそのミスキャッチに抗議して結成された「女性を守る会」は、「真面目な職業婦人」がミスキャッチされたことへの怒りの抗議であって、娼婦たちが日常的に被っている暴力への批判はなく、娼婦との連帯を語ることもなかった〔大原・塩原・安藤 1972:189〕〔藤目 1997:328〕が、一九四六年八月に創刊され「編集はすべて女によって行われた」〔佐多 1983〕婦人民主新聞でさえも、パンパンは、「全婦人」には含まれない。この新聞の母体である婦人民主クラブのメンバーのひとりは、映画会社社員二名のミスキャッチに対して警視庁を訪れて抗議した社会党議員加藤シヅエである。

ミスキャッチされた六名は、特別なコネクションを持っていたか、出身階層が高い女性だった。映画会社に勤める女性二名は、会社の労働組合婦人部に訴えるとただちに社会党の議員が抗議にかけつけるというほど、特別なコネクションを持っていた。他の四名のうち二名は、占領期当時GHQに接収された聖路加病院（現：聖路加国際病院）に勤める看護婦だった。占領期にこの病院は、占領兵とその家族専用の病院だったため［聖路加国際大学の歩み２０１７・３・16公式ＨＰ閲覧］、看護婦たちは当然英語を話すことができたであろう。彼女たちは、米国の最先端医療に接することができたエリート看護婦でもある。この二名と同時にミスキャッチされた別の一名は、教会の英語教師であり、大蔵省に勤めている父を持つ。また、名古屋の女性は女学校卒で、父親は大手都市銀行の課長だった。すなわちミスキャッチを報道された女性たちはいずれも、「娼婦」とは程遠い位置にいた女性たちだった。

ここでも、「ヤミの女に間違えられて」パンパンではないという訴えは「娼婦差別」に加え、「占領兵に寝返っていない」ことを含意し、社会にある「娼婦差別」と「戦勝者側についた女に対する侮蔑」を回避することばとして社会に受容される。だからこそ、メディアでとりあげられ、さらに国会でも議題にとりあげられたのだ。一方で、「モデル被害者」からはずれた女性の訴えは、社会に受容されにくい。結果的に「モデル被害者」が「ヤミの女」ではないと強調すればするほど、パンパンというスティグマは強化されていき、スティグマを負わされた女性たちは自らのことをますます公にしにくくなっていく状況に置かれた。

註

（1）兵庫県警察部は占領軍慰安施設設置の実態を示す代表的な事例を示しており、記述の詳細さからみて、東の神奈川県、西の広島県とともに三大記述というべきものであると、吉見義明、尹明淑によって紹介されている［吉見・尹 1996:60-63］。

（2）開拓団の防衛や食糧確保と引き換えに、開拓団の未婚女性をソ連軍将校に「提供」した例は、［猪股 2018］を参照のこと。

（3）親衛隊は国の軍隊ではなく、ナチス（国家社会主義ドイツ労働者党）の組織である。政権掌握後は警察組織と融合して、強制収容所の管理と絶滅収容所での殺害、ユダヤ人の狩集やゲットーの封鎖と移送、現地における大量射殺というホロコーストの三つの中心的な役割を担った。親衛隊全国指導者兼ドイツ警察長官は、ハインリヒ・ヒムラー。国防軍と親衛隊の関係について詳しくは［ミュールホイザー 2015:xxxv］を参照のこと。

（4）国防軍用売春施設で働く女性たちが売春施設に来ることになった実際の状況については、現在もほとんどわかっていないが、多くの女性が自ら売春に応募したと推測されるとミュールホイザーは述べている。その上で、自ら応募と言っても、自発と強制の境界は流動的であることも、ミュールホイザーは指摘している［ミュールホイザー 2015:135］。

（5）当時の神戸の募集広告については［茶園 2014］、全国の募集広告については［平井 2014］が詳しい。

（6）東京のＲＡＡ（特殊慰安施設協会）は「急告　特別女子従業員募集　衣食住及高級支給前借にも応ず　地方よりの応募者には旅費支給する」［『読売新聞東京版』一九四五年九月三日］という、敗戦の混乱期に乗じて魅力的な募集広告を出した。「特別女子従業員」とは占領兵相手の性的慰安婦のことである。ＲＡＡ設立過程の詳細は［杉山 1988、平井 2014］が極めて詳しい。

（7）大分県議会も問題としているのは、無実の婦女子がキャッチされ売春婦として扱われていることだった［茶園 2014:196］。

第I部

レイプの生存戦略

本章では、占領兵と占領地女性との出会いがレイプという問答無用の性暴力であるとき、コンタクト・ゾーンの概念からみて、占領地女性へのレイプに対する彼女たちの抵抗がみいだせる事例を三つ示す。これらの事例はすべて、レイプされたあとの女性の行動が生存戦略となっている事例である。

占領兵は、敗戦国民に「何をしても許される」特権を持っていた。たとえば京都のケースで、占領兵が交通事故を起こして日本人を轢いたとしても、ほとんど罪に問われなかったのに対し、被害者側は、「自身で地域の警察署長による事故証明、病院の医師の診断書、住宅修理工事の領収書などの書類をそろえ、事故が原因である生活の困窮を訴える申請書を書いて京都府庁の渉外課に提出、日本国の国庫、敗戦処理費からの出金である見舞金の交付を待った」［西川 2013:6］。すなわち、占領という圧倒的な権力の非対称な関係を前提に交通事故見舞金を請求するのに、「申請窓口まで行き着くまでにいくつもの難関がたちふさがる」［西川 2017:91］という労力を要した。そして、「事故見舞金請求のなかには、性犯罪事件はふくまれていない」［西川 2017:242］のだ。

占領兵の性犯罪事件は繰り返すが、ＧＨＱのＣＩＤ（犯罪捜査局）の週報（Weekly Summary of Events）に、強盗やケンカといった他の犯罪と同様に一週間まとめて記載されている。特に性犯罪は、朝鮮戦争勃発直後に週報に頻出している。ＣＩＤの週報に掲載されている占領兵の占領地でのレイプ犯罪は、大きく分けて三つのパターンがある。

まず、加害者の占領兵が血だらけになって部隊へ帰ったことでレイプが発覚し、調査が進められるパターンだ。一九五〇年八月一日二〇時頃に陸軍一等兵が血だらけのＴシャツ姿で泥酔して部隊に帰ったことで、彼が一六歳の少女を彼女の自宅近くの寺の近辺でレイプしたことが発覚した。

次は、被害者ではない人物がレイプを交番等日本の警察へ通報するパターンで、三事例挙げる。まず、一九五〇年五月一三日夕方、一五歳の少女二人が見知らぬ空軍兵に車で拉致された事件は、少女の一人がなんとか逃げ出して交番に通報しているとき、もう一人はレイプされてしまったケースである。次に一九五〇年六月一三日二三時五〇分に熊本で起こった事件の加害者は、被害者の姉の知り合いの占領兵だった。被害者の姉の家に加害者が訪れたとき、家には妹しかいなかったため妹をレイプした。姉が帰宅して妹の着衣の下の血に気づいて妹に尋ねるとレイプされたことを姉に告げたケースである。最後の事例は、一九五〇年八月三日、夫婦で品川付近の通りを歩いている時、妻が急に黒人兵に別の場所へ引きずりこまれレイプされた事件だ。このとき被害者の夫が日本の警察へ駆け込んで助けを求め、民家に加害者が逃げ込んでいるところをMPに捕まえられた。

最後に挙げるのは、レイプされた被害者本人が警察等に通報するパターンである。この場合も、日本の警察からMPを経てCIDの週報に掲載される。この事例は本章1で詳しく述べる。

ここで、占領兵は武装していることを忘れてはならない。一九五〇年七月二日のレイプ事件では、東京で弟と遊んでいるところを拉致されて車内でレイプされた少女(一〇歳)を襲った二人組の占領兵は、四五口径ピストル一丁をそれぞれ保持していた。(1) 彼女の場合、レイプ後、車から放り出されて泣き叫んでいるところを目撃した人たちによって、警察へ通報された。

さらに週報の記録には、娼婦への差別意識が露骨に現れている記録もある。一九五〇年四月二八日一六時半頃に、京都近郊の建物内でのレイプ事件がそれだ。二二歳の被害者が部屋にいるとき、二人の見知らぬ空軍兵が被害者の部屋に押し入りこぶしを振り上げて被害者を襲い、レイプした。被害者の叫び声をきいた同じ建物にいる二人の女性(ともに一九歳)が駆けつけたところ、別の見知らぬ空軍兵三名が彼女たちをその部屋に入れないようにし、彼女たちもその三名の空軍兵から殴られレイプされた。容疑者の五名は特定できないため、近隣の空軍兵たちを面通しして調べている最中と記されている。週報には、襲われた彼女たちの住まいは「悪評のある家」で有名で、襲われた彼女たちも「有名な売春婦(prostitutes)」であることが記載されている。「悪評のある家」というのは、性病対策に力を入れているGHQにとって、存在してはならない占領兵相手のパンパン宿と推測される。被害者の女性たちが売春婦であることが記録されている点が、他の被害者の女性たちと異なっている。他の女性たちは氏名と年齢のみ明記されている。被害者が売春婦であってもなくても、見知らぬ五名の空軍兵たちが建物に押し入り、いきなり三名の女性を襲って暴行を加えレイプするという行為は、性犯罪以外なにものでもない。この事件は、占領地という圧倒的な非対称の暴力の中に、日本女性は置かれていたということを表す事件でもある。

敗戦国の住民は、交通事故でさえ訴える事が困難な状況にあって、レイプされた被害者本人が警察等に自ら通報するのは、どれほどエネルギーの要する行為であろうか。次から具体的に示す本章の1と2は被害者側がGHQに訴えたことにより、レイピストの思惑通りにはいかなかった事例である。本章3はレイプの「モデル被害者」ではない女性たちについて考察している。そしてこれらの事例こそ、占領兵にレイプされてしまった占領地女性の生存戦略にほかならない。

それでは、どのような生存戦略なのか、みていこう。

第２章　レイプの生存戦略

１．自らレイプ被害を告発した小菊、せり、鈴菜の生存戦略

三名はいずれもレイプ被害者自ら、レイプされたことを通報したケースである。圧倒的な権力非対称の関係にあって、レイピストである占領兵と日本の被害女性の関係をコンタクト・ゾーンの概念でとらえると、権力の弱い立場の側にいる被害女性がレイプされたことを訴えていることに注目したい。ただし、訴えた側の女性の身元を示すものは、年齢と出身地のみで、「売春婦」という記載はない。

小菊（二二歳）の場合、[2]一九五〇年六月八日に沼津から大阪行きの日本人専用電車に乗っていたとき、二三時三〇分頃、見知らぬ占領兵（兵卒）に話しかけられ車内のトイレに押し込まれた。占領兵は小菊に性交を要求した。小菊が断ると、小菊が服従するまで顔をつかみ平手打ちをしてレイプした。小菊は鉄道員にそのことを訴え、ＣＩＤが翌朝六時一五分に大阪から車内へ乗り込んで容疑者である占領兵を引き離した。小菊の顔や頭に複数の切り傷や打撲があり、大阪で米軍専門病院に連れて行かれたというのが、事の顛末である。小菊自ら鉄道員に訴え、自らを襲った占領兵を捕らえたことと、その結果、小菊は設備の整った占領軍専用病院に運ばれて検査を受けることができたのだ。

次に、せり（一七歳）のケースをみてみよう。[3]一九五〇年六月一一日、二〇時半頃、せりが大阪の通りをあるいているとき、付近の倉庫番をしている占領兵二名（ともに一九歳の上等兵）がせりを倉庫の敷地の

芝生の上でレイプした。せりはレイプされたことを、日本の警察に通報し、警察がMPに知らせた。レイプされたことを警察に訴え、二人の占領兵がレイプ容疑でMPに捕まえられたことが週報に記録されることにより、レイプで泣き寝入りする必要はないという認識をせりは得たであろう。

最後に　鈴菜（年齢不明）のケースは東京の事例[4]で、朝鮮戦争勃発の一週間後に事件は起きた。一九五〇年七月五日、東京の米軍基地の正門から一〇〇ヤード（約九一m）の場所でレイプがおきた。基地の側道を鈴菜が歩いているときに、第七一通信大隊所属の占領兵二人が鈴菜を掴まえて、宿舎と宿舎の間に引きずり込んで彼女をレイプした。レイプする前に二人のうちの一人が、あらかじめ電柱に上って電球を外した。レイプのあと、鈴菜は基地の正門まで連れて行かれた。鈴菜はレイプされたことを麻布警察署に訴えて、病院で受診した。外された電球から占領兵の指紋がみつかったので、当時鈴菜が襲われた時間にその付近にいた陸軍第七一通信大隊の五一人ほどの占領兵が面通しされた。

日本にやってきた占領軍のジャズメンたちの考察をおこなった青木深によると、米陸軍第七一通信大隊の宿舎は日比谷公園のそばにあったことから［青木 2013:26-27］、日比谷公園付近で鈴菜は襲われたとみていいだろう。レイプした占領兵の特徴について、CIDの週報には明記されていない。鈴菜が襲われた七月五日の時点では、取り調べは続けていると記されているが、その後どうなったのかは不明である。

この二人組の占領兵は、鈴菜をレイプする前にあらかじめ電柱に上って電球を取り外していることが、せりを襲った倉庫番以上に計画的な犯行だったことがはっきりしている。そしてこの二人の占領兵が誤算だったのは、鈴菜が警察に被害届を出したことにある。鈴菜の訴えも最終的にどのようになったのか不明だが、彼らは鈴菜が訴えるとは、予想していなかったに違いない。彼らは戦勝国の兵士であり、レイプされた鈴菜は敗戦国の女性なのだから。それに加え、レイプ被害者であること自体がスティグマ化されるため、通常は泣き寝入りとなってもおかしくない。鈴菜の訴えによって、泣き寝入りせず訴えた鈴菜の行動も、生存戦略を発揮している。

2.「兄」に訴えさせた木蓮の生存戦略

占領兵からレイプされたことを身内に語った場合、身内から拒否される場合とそうでない場合がある。あおい（一七歳）やさくらこ（二一歳）は身内に拒否された事例である。

岡山の病院で見習いをしていたあおいは、遅くなって帰宅途中に二人組の占領兵に襲われた。「私は、処女をやぶられたおどろきとかなしみで、そのまま闇の中にひとりで二時間も座ったまま泣いていました」と語るあおいは、その後叔母に「全部ありのまま語ったら、叔母に怒られ、お前は一人で自活しろというので、私は家出しました」と語っている。

看護婦のさくらこも夜九時頃帰宅中に、「紺色の制服の地味な服装、髪もパーマネントなんかはかけず、質素な様子をしていた」にもかかわらず、二人組の占領兵に無理やり待合に引っ張り込まれレイプされた。彼女の場合、占領兵に捕まった時、「叫び声を出して暴れましたが誰も気がついてくれません」と、思い切り抵抗したことを語っている。そしてそのことを父親に打ち明けて以降、「潔癖」な父親との関係がうまくいかずに、あおい同様、さくらこも家を出た。

二人に共通しているのは、レイプの「モデル被害者」［上野 1998,2012］の語りであるということだ。レイプの「モデル被害者」とは、被害者が性的に無垢であってなおかつ、激しく抵抗をしたと語ることができる被害者のことを指す。あおいは、「大声を立てたらハンケチを口の中にねじ込まれ」と、激しく抵抗をしたことや、「処女をやぶられたおどろきとかなしみ」と、性的に無垢であることを語っている。さくらこは、自身の身なりについて決して派手ではないことや、必死に抵抗したことを語っている。二人の語りは、たとえ占領兵からのレイプであっても、家父長制のもとではレイプは被害者の落ち度であり家の恥であるということに加え、もはや嫁の貰い手がない傷モノになってしまったという状況を示している。(5) 二人とも「モデル被害者」であったにもかかわらず、身内から拒否された事例である。

身内から拒否された状況があるなかで、木蓮(二〇歳)の事例が示しているのは、占領兵からレイプされたことを身内に打ち明けると、兄が憤慨して米軍へ訴えたことだ。木蓮は終戦直後の一〇月(一六歳)、夕方帰宅時に占領兵のトラックで拉致された。

中型のトラックで〇〇がやってきて、乗せられてしまった。声をたててさわぐと殺されるというデマをかねがねきいていたので、怖ろしくって震えていました。トラックには女の人が一人いましたが一緒にホテルにつれこまれたのでした。そこに〇〇三人、女三人でした。私はキスをすると妊娠すると思っていたくらいですから、もちろん男を知りませんでした。その翌日、トラックに乗せられてつれていかれ、そこで強姦されました。

帰宅途中、占領兵のトラックで拉致されレイプされた木蓮はその後、占領兵のキャンプで食事等用意をさせられたのち、またホテルへ連れて行かれた。木蓮の兄と母は木蓮が前の晩帰宅しなかったので心配して方々の旅館を探し回り、ようやく木蓮のいるホテルを探し当てた。木蓮の兄は木蓮から事情をきくと、憤慨して米軍へ訴えた。その結果、木蓮をレイプした占領兵は、二か月後の一九四六年正月ごろ罰せられて帰国も遅らされた。

木蓮が帰宅しなかったとき、母と兄はすぐ旅館を探し回っていることから、占領地では、占領軍兵士が日本女性を無理やり旅館やホテルへ拉致し暴行を加えるようなことが頻繁に起こっていたといえるだろう。

木蓮の事例は、母や兄から拒否されるどころか、兄は米軍へ訴え出て、木蓮をレイプした占領兵は罰せられた。せりや鈴菜の事例と異なって木蓮は、レイプされた翌日、「キャンプで食事をいろいろ用意して」そのあとホテルに連れてこられたという経緯があった。木蓮は、占領兵から逃げられない状態で管理されているわけだが、そんな木蓮がＧＨＱにレイプされたことを直接訴えたところで、ＧＨＱ側から「キャンプで食事を用意する暇があるなら、なぜ逃げなかったのか？」という声が聞こえてきそうである。すなわち、木蓮は自らレイプ被害を訴えても取り合ってくれないことをあらかじめ予想したのだろう。木蓮は、兄に自身のレイプ被害を訴えさせることに成功したのだ。

3．「モデル被害者」でない女性たちの生存戦略

六三名の女性たちの中で占領兵から襲われたことを調査員に語っているのは、さきほどのあおいやさくらこを含め七名しかいない。この七名は「モデル被害者」である。彼女たちは「モデル被害者」であるがゆえに、調査員に占領兵から襲われたことを語ることができた。他の暴力と異なって性暴力の場合、被害に遭ったことを語ったり語らなかったり、語れなかったりする事態がおきるのは、「モデル被害者」の語りでないと、世間では容易に受け入れてもらえない状況があるからだ。特に複数の占領兵と交際している女性がレイプ被害に遭った場合、被害者の「自己責任」に帰されてしまう。たとえ「モデル被害者」であったところで、さきほどのあおいやさくらこのように身内に拒否された女性や、美奈（一九歳）のよ

うに「強姦のあとやけくそでパン助〔パンパン〕を始めました」という事例もある。また、さくらこのように、「あちらこちら、○○を漁り、稼ぎました」というように、レイプが原因で占領兵相手に売春をするようになった女性もいる。ミュールホイザーは第二次世界大戦中のロシアや他国においても、「レイプによって、女性は清純さという文化的な価値を失い、その後は「汚れている」と見なされた」〔ミュールホイザー 2017:62〕と指摘しているように、「モデル被害者」であろうとなかろうと、レイプされた時点でレイプ被害者は「穢れた女性」というスティグマが付与される。レイプ後の美奈やさくらこの「自暴自棄」ともとれる行動が、そのことを物語っている。

それでは世間で受容されにくい「モデル被害者」ではない女性が、占領兵からレイプ被害に遭ってしまったときにエイジェンシーを発揮したら、どのような行動にでただろうか。

「モデル被害者」でない女性たちは、自身を襲った占領兵に金を支払わせるという戦略をとっていた。占領兵からレイプされたことを調査員に語っている、アン（一九歳）、冬子（一九歳）、ナナ（二〇歳）の三名の語りがはからずも、そのことを語っていた。

アンは大阪のキャバレーでダンサー〔占領期のダンサーは指名された占領兵と二人で踊る職業のこと〕をしていた時に知り合いになった占領兵にだまされて旅館へ連れて行かれ、「貞操を奪われた」。「そのときはそうしたことでお金など貰うことを知らなかったし、もちろんお金を貰わなかった」と語っている。

冬子は梅田駅付近を友人と二人で歩いていたときに、占領兵の車で拉致されてホテルでレイプされた。その後二人はまた車に乗せられて、梅田駅まで連れ戻された。冬子は泣きながら友人の家に行った。友人はそのときは何も言わなかったが、あとで友人も冬子と同じ目にあっていたということを、冬子は知った。冬子は、「何も知らない私は、○○にお金のことなど言うことも知らず、そんなことは言えもしなかった」と語っている。

アンと冬子の語りで共通するのは、占領兵に襲われた女性は襲った占領兵に金を要求していたということだ。アンと冬子は占領兵からレイプされたのは初めてで、レイプされたら金を貰うことを知らなかったと述べている。二人の語りの背景には、金を要求する女性の中には占領兵から複数回レイプされている女性の存在が浮かび上がる。

次に取り上げるナナの語りは、占領地女性を襲ったあと、襲った女性に金を支払うことが占領兵の間で暗黙の了解になっていることがうかがえる。この暗黙の了解は、被害者から警察等に通報されないようにする対策かもしれない。というのも、さきほどみた鈴菜の事例のように、あらかじめ街灯の電球を外して用意周到な計画の上でレイプを行なった占領兵二人は、被害者の鈴菜から警察に訴えられたからだ。

ナナは、夜七時頃友だちのところへ遊びに行く途中、占領兵に突然近くの学校の教室へ連れ込まれ「チェリー〔処女膜の俗語〕を破られた」。そのあと占領兵から住所と名前をきかれたので言うと、その占領兵も自身の名前をナナに教えた。その後、別の日にナナが電車を降りるとナナを襲った占領兵がナナを見つけて追ってきたので、ナナは逃げた。あとでナナは、ナナを襲った占領兵がナナを追いかけたのは、ナナに金をやろうとしたのだということを知る。

このようにアン、冬子、ナナの語りからは、レイプされた占領地女性はレイプした占領兵に対して金の支払いを要求し、占領兵もその要求に応じている場合もあったことを示している。この関係では、レイプする占領兵とレイプされた占領地女性との間には、金銭のやりとりが暗黙の了解になっている。ここで注意したいことは、「助けを求めて泣き叫んだけど、人が通って見ているのに誰も助けてくれませんでした」というナナの語りが示しているように、占領兵の占領地でのレイプは、圧倒的な権力の非対称のなかで行なわれるのである。占領兵はレイプした女性に金を渡すことでレイプを買春にすり替えようとしたのだろうが、金を受け取った女性にとっては、レイプが帳消しになるわけではない。やがてレイプ被害者が「学習」して、事後的な金銭授受から事前の金銭授受に変えたとしても、それが「金を払って行われるレイプ」であることに変わりはない。レイプ被害者は、レイプした相手に金を要求することで、占領兵の問答無用の暴力、そして「モデル被害者」の語りしか受けつけない社会に対して異議申し立てをおこなっていると解釈できるかもしれない。これこそ、占領兵と占領地女性との出会いの空間であるコンタクト・ゾーンにおける、「モデル被害者」ではない女性たちの生存戦略である。

註

（1）この二人は陸軍騎兵師団の伍長と兵卒だった。この事件はＧＨＱのＣＩＤの週報 Weekly Summary of Events 一九五〇年七月七日付で報告されている。本書でとりあげている占領兵のレイプはすべて［RG331/SCAP/BOX9894（c)］を参照。

（2）Weekly Summary of Events, 9 June 1950

（3）Weekly Summary of Events, 15 June 1950

（4）Weekly Summary of Events, 7 July 1950

（5）ミュールホイザーは、「戦後、多くの女性は、自分たちは決して男性を挑発したのではなく、無力でどうしようもなかったのだと証明しなければならない圧力にさらされていると感じていた」状況を、「釈明要求の圧力」を示唆しているかもしれないと述べている［ミュールホイザー 2015:72］。

第Ⅱ部

売買春の生存戦略

占領兵の占領地での買春は、ホーハウス（whorehouse 売春宿）の他に、占領地女性の下宿、単身の高級将校が寄宿するホテル、夜の宴会（沙羅一八歳の語り）が挙げられる。なかでも、占領兵相手に売春する女性と買春する占領兵との関係が圧倒的に非対称である事例として、高級将校の一夜限りの買春の事例を挙げよう。

二三歳のぼたんには三歳の娘がいる。ぼたんは大阪のS高女を卒業した後、しばらく家事を手伝っていたが、実家が生活に困窮して姉の紹介で芸者となった。そのうちに旦那ができて、戦争中は旦那が生活を保証してくれていた。一九四五年に娘を出産した。父はすでに他界して兄のひとりも他界、ぼたんを芸者にすすめた姉も病死している状況だった。終戦のあと、ぼたんは京都にでてきた。ぼたんは京都ホテルの東側の路地で、母親と娘の三人暮らしだった。

あの辺は家並みにホテルの○○と交際していますがそれはただお菓子、チョコレートなどもらうので、それと交換に半襟や着物や帯を進呈していました。ホテルの窓からチョコレートなど投げてくれるので、こちらで丸帯などを見せると、取りに来るので、家並みに交換が流行っていました。

当時高級将校は、家族を呼び寄せるまでの間、あるいは独身の者はみな、日本では一流といわれるホテルが将校たちの宿舎だった。京都府立総合資料館所蔵のGHQが制作した米軍諸施設を示した京都市街地図CMK（City Map of Kyoto の略）をみると、京都ホテルは“Cibillian and Officer's Billets”となっていることから、軍属および将校の宿舎として指定されていた。この地図は一九四九年一月一二日付になっていることから、『街娼』の女性たちの手記と時期が一致する。京都ホテルは京都御所の東南に位置し、占領軍の将校専用の施設も徒歩圏内で行ける位置にあるホテルである。当時は「占領軍と住民の交流もまた、階層別」〔西川 2013:33〕であったことを今一度思い起こすと、ホテルの将校たちが窓越しに物々交換をおこなっていたひとたちは、少なくとも物のない時代に着物や帯を将校たちに提供できる階層であったことがわかる。

首席高級○○の人も隣家に遊びに来ましたが私のところにはWという高級○○が来て、遊んで行きましたが、ホテルに来ぬかというので珍しいので行ってみました。その夜、高級○○の室に泊まって関係して、翌朝お土産にチョコレートやいろいろのお土産を子供にもらって帰りました。その後は、私は○○と交際していません（後略）。

ぼたんを相手に宿代無料で手軽に「性処理」を終えた高級将校は、翌朝、高級将校にとってはタダ同然の品物を「お土産」と称してぼたんに渡した。ぼたんはこの将校からいくらもらったかという金額の話をしていないため、この高級将校は、ぼたんと一夜を共にする部屋のみならず、高級将校にとってはタダ同然の品物をぼたんに渡すことで、徹底的に金を出さずに一夜限りの買春を楽しんでいることがわかる。このように、あからさまに権力の非対称関係が占領地日本では出身階層に応じて表れていた。

食糧や生活必需品とセックスを交換する状況は日本だけでなく、第二次世界大戦中のドイツの占領地域であるソ連にいるドイツ兵と現地女性にもあてはまる。「戦争中の占領地域の悲惨な食糧事情を目の当たりにして、国防軍や親衛隊のメンバーはしばしば、食料やその他の生活必需品との交換で性を謳歌することもできた」〔ミュールホイザー 2015:224〕。また、ドイツ軍の占領から解放されたフランスでも、

「売春婦ではない多くの女性市民も、何らかの物品を手に入れるためにセックスに携わった」［ロバーツ 2015:164］。

占領地女性は自身の性を占領兵にとっては取るに足らないモノと交換することで、圧倒的な非対称の状況をなんとか生き延びようとする状況にあったが、占領地での売買春をコンタクト・ゾーンの視点で読み解くと、彼女たちは売春相手の占領兵から一方的に身体を搾取される存在ではなく、限られた状況のなかで自らのエイジェンシーをフル活用していたことをこれから示そう。

第3章　占領兵をスポンサーに

1．最初の愛人（占領兵）の借金返済のためのスポンサー——しおん

しおん（一八歳）は三人の占領兵と交際経験がある。本章では、一人目と三人目の占領兵をみていこう。二人目についていては、「酒飲みでしたからやめました」という情報しかないため、今回は分析対象から外した。もちろん、「酒飲み」と交際しないという選択は、しおんの生存戦略ということもできる。

しおんの場合、学歴不明で、左京区川端の下宿で一人暮らしをしている。事務員の兄二人と姉と弟二人は一緒に生活しているが、この兄たちと仲が悪いため、少し前まで織物職工の妹と二人暮らしをしていた。しおんが一四歳の時、脳溢血で他界した父は生前、材木業を営んでいたことから、父が生きている頃は裕福だったことが考えられる。母も父が他界した二年後に胃病で他界した。

しおんは、初めて親密になった二五歳の占領兵を「最初の愛人」と言っているが、相手は、しおんのことを利用するような行動をとっている。

昨年（一九四八年）七月に愛する○・○に処女を捧げました。（中略）彼を愛していたのですが、他に女を作ったので癪に障って振りました。

しおんが三人目の占領兵と交際するのは、「最初の愛人の為に借金」があったからにほかならない。借金を返し終えたら今の生活は辞め、「日本人の真面目な二十四、五の人と結婚」を望んでいることから、三人目の交際相手は、しおんにとって借金返済のためのスポンサーにすぎない。

しおんは三人目の交際相手からは「一か月五〇〇〇円しかくれない」と語っているが、五〇〇〇円に加えて服装や食料をあわせて一万円くらいになると言っているため、しおんにとって三人目の彼からもらうものすべてが「金」である。

三人目の占領兵は毎日しおんのもとにやって来ることから、ある程度行動の時間的自由があることに注目すると、将校クラスの兵士かもしれない。ただ一か月五〇〇〇円しかしおんに渡していないことから、残りの金は故郷の家族へ送金をしているかもしれない。

しおんが一人目の兵士のための借金返済を理由に三人目の兵士と交際していることから、しおんは三人目の彼を金づるとしてうまく利用している。さらに三人目の占領兵は毎日やってきても、関係を持つのは週三回というから、関係をもたなくても占領兵はしおんの元に来ていることになる。しおんと三人目の彼との間のコンタクト・ゾーンは、占領兵を借金返済のスポンサーがわりにコンタクトするしおんの空間である。

2. ポンビキと組んでも調査員にパンパンと記録させない桜

桜（一九歳）はしおんと異なって、ホテルで不特定多数の占領兵の客をとっている。

桜は、広島の師範学校付属女学校卒業後、神戸市の紡績会社に挺身隊に加わって働いていたとき、広島の原爆で両親を亡くし、弟二人が疎開している母の郷里の島根県松江に疎開した。叔父が厳しい人で桜は一九四七年に「焼けない都市」京都にやってきて喫茶店で働くが、家に戻りたくなって再び叔父の家に戻る。一年叔父の元へいたがやはり、「面白くなく」再び京都へやってくる。このときに喫茶店の元同僚と偶然出会って、彼女の紹介で占領兵と交際する。

四条大和大路の下駄屋の向かいのK喫茶店に住み込みで勤めることにしました。昼は喫茶店で働いて、月一五〇〇円もらうことになりましたが、お金が足らぬので、川端のパブリック・ホテルのポンビキと結んで客と関係しました。泊まりで一五〇〇円、ワンタイムで六〇〇円です。六〇〇円のうち二〇〇円を宿に渡しますから、実収入は四〇〇円です。泊まりの一五〇〇円のときは四〇〇円を室代に出しますから、一一〇〇円だけが自分のものになります。

実収入四〇〇円は、当時の占領兵相手の売春の相場である。というのも伏見区のホーハウス（売春宿）で占領兵相手の売春をしているリリー（二三歳）も、「一回六〇〇円のうち二〇〇円はホーハウスの大将［オカミ―原文のママ］にとられますので、自分には四〇〇円位しか手に入りません」と語っているからだ。伏見区は兵卒用のキャンプがある。リリーの語りから兵卒用と将校用と階級の区別があるとはいえ、ホーハウスで働く女性の収入は同じである。

桜の語りから、地方出身の女性が家を出て実家に頼らず生活をするためには、仕事を掛け持ちしなければならない状況にあることがわかる。当時は「実籍」(1)がなければ配給ももらえなかったため、価格の高い闇市の物資で生活するしかない。桜の場合、昼間は住み込みの喫茶店で働き、生活費の不足分として夜はポンビキをうまく利用して不特定の占領兵を自身の生活のスポンサーにしている。このような桜のことを調査員は、「素直な性格らしい」と記している。

今回分析対象とした六三名の女性の語りで、ポンビキについて語っているのは桜と松子（二五歳）しかいない。松子は桜とは対照的に、調査員から「一、貞操観念など全然ない　二、パンパン商売になりきっている　三、羞恥心のような高級感情などは全然見られない」と記された女性だ。松子は占領兵と同棲して子どもができた。子どもの父である占領兵からは月二万五〇〇〇円をもらって関係を続けているが、それでは生活ができないため、ポンビキのいるパンパンハウスで客をとっている。占領兵からもらう金は額が大きいが、松子がその金でも生活ができないのには理由がある。それは度重なる性病の入院治療代が膨大で、「退院しても稼がねばなりません」と語っているからだ。売春をするために、「〔数え年〕三才の子どもをある人に預けてその養育費を月三〇〇〇円」のほか「オヤツなど、しじゅう買ってやらねばなりません」と述べている。さらにパンパンハウスからはあらゆる理由をつけて搾取され、下宿の部屋の掃除や洗濯にも金をくれとたかる人が多く、「私の生活はけっして傍から見て想像しているように楽ではなく、くるしいのです」と訴えている。

そんな松子のことを調査員は、「パンパン商売になりきっている」と述べ、一方、松子と同じように生活苦のためにポンビキを利用してホテルで売春をする桜のことは、「素直な性格らしい」と記しており、「パンパンである」というような評価を下していない。

桜も松子も生活費の不足分をポンビキのいるホテルで売春するという状況を調査員に語っているにもかかわらず、調査員の印象が一八〇度も違うのは、桜は月収を明らかにしていないのに対し、松子は特定の占領兵から高額な金を貰っている上にさらに売春をしているということを調査員に語っているからだろう。桜は、「真面目な仕事で働きたいと思いますし、よい相手があれば結婚生活に入りたいと思っています」と、「更生」を望んでいることを調査員に言うのを忘れていない。この語りは、日々の生活をどう乗り切るか、という語りしかしていない松子とまったく異なったスタンスだ。松子の語りからは金銭的余裕のない切迫感がダイレクトに伝わるが、桜の語りはそうではないことから、桜の、売春で生計を立てるという生存戦略は成功しているといえよう。なぜなら、この面接の後、桜が再び昼は喫茶店、夜は占領兵相手の売春という生活に戻っても、調査員の記録には桜は更生可能な女性として残されるからだ。

松子の生存戦略は子育てで発揮される。第14章で述べる。

3．遊郭の酌婦から占領兵のオンリーになった鈴

鈴（二三歳）はしおんや桜と異なって、戦前から遊郭で働いていた女性である。

鈴は、大工の父親が病気で仕事ができないという経済的事情と継母との折り合いが悪いという状況が重なって、小学校を卒業するとすぐ遊郭に身売りされた。貧困以外にも、継母との折り合いが悪くて、遊郭の酌婦へ出される女性もいたということが、鈴の語りから浮かび上がる。鈴は地元の神戸では年齢制限に引っかかったため、鹿児島の遊郭で働いた。だが鹿児島の遊郭は客も収入も少なく、二年後に大阪の新町遊郭へ借金を抱えたまま移る。新町遊郭で鈴は戦災にあったため、大阪の飛田遊郭で終戦まで働いた。一九四五年秋に鈴の働く遊郭に占領兵がやってきた。鈴は遊郭をやめて、その占領兵のオンリーとなって占領兵が本国へ帰国するまでの二年間同棲した。

ここで注目したいのは、鈴が遊郭を辞めることができたのは、彼女が占領兵に身請けさせる能力の持ち主だったということだ。鈴はすでに鹿児島の遊郭で、自らアクションを起こしている。というのも鹿児島の遊郭で稼ぎが少ないことがわかると、「自分で紹介人に頼んで」大阪の新町遊郭へと移っているか

らだ。遊郭という借金が雪だるま式に加算されるシステムに身を置きながらも、鈴が占領兵のオンリーになれたのは、鈴自身がこうした限られた状況の中でなるべく労働条件のいいところで働こうと実行に移す行動力があったからにほかならない。

それともうひとつ、鈴自身、身請けしてくれそうな占領兵をターゲットにしてアクションを起こしたと考えられる。さまざまな占領兵が遊郭にやってきただろうが、鈴はあらかじめ、自身を身請けしてくれそうな占領兵をターゲットにしたからこそ、鈴の狙い通り晴れて遊郭を脱出することができたのだ。鈴の好みの男でなくても、である。

鈴の生存戦略は、圧倒的な経済的資本を有している占領兵の恋愛感情に火をつけることで、遊郭から脱出することができた上に、戦勝国の兵士という得難いスポンサーを得たことにある。

4. 子どもがいることを武器にする、のばら

のばら（三六歳）は、シベリア抑留の夫との間にできた四児のいる伏見の自宅で占領兵の客をとっている女性である。しかも、四人の子ども公認で、子どもたちは「別にわたしの生活について何とも思っていません」と、のばらは語っている。のばらの子どもは、男の子一人と女の子三人で年齢は不明だが、のばらの年齢や客の占領兵がおもちゃを買ってきてくれることからも、子どもたちは幼いようだ。

のばらは夫が抑留されているため、当初は軍事扶助法で援護金をもらって生活をしていた。金川めぐみによると扶助の内容は手厚いもので例を挙げると、「遺家族に対する租税の減免、特別母子寮の設置、子の授業料、入学金等の減免、学用品の給与、学校給食の便宜供与、就職あっせんの優先などさまざまな施策によって、軍人遺族母子家庭に対し特別の保護を行うもの」［金川 2012:5］だった。シベリア抑留

中の夫をもつ、のばらもこの扶助法が適用されていた。その後、のばらは観光案内所に就職して月収三五〇〇円をもらうようになった。月三五〇〇円の金額は当時の小学校教諭の初任給が月二〇〇〇円であることを考えると、現在の通貨価値に換算して三五万円くらいといえよう。この月収から、のばらは英語を使う仕事をしていたと考えられる。ところが、一九四六年九月に軍事扶助法が廃止され旧生活保護法に切り替わったとき、「規則で三〇〇〇円以上の収入のある者には援護金はもらえない」ということで、のばらは「援護金」をもらえなくなった。「援護金」がもらえなくなるということは、これまで免除されていたあらゆるものに金がかかることを意味する。四人の子どもを抱えて家族五人で、月三五〇〇円で生活するには金が足りないため、のばらは自宅で占領兵相手の客をとることにしたのだった。

のばらは民生委員の存在も知っていることから、福祉関連の情報リテラシーにも長けている。民生委員は、「積極的に世話してはくれはしませんし、世間の噂だけで判断してしまうので、わたしたちには不利です」と、のばらは調査員に訴えている。当時の民生委員を選考するのはＧＨＱのスタッフなので、[2]占領地女性の売春を認めていないＧＨＱが採用した民生委員がのばらのような状況にいる女性に積極的に世話をしないのは当然である。

「子どもを学校にやるために、このような意味での生活の保証されている道をえらんでおります」と語っていることから、夫が戦地からいつ帰って来るかわからない状況で、占領兵相手の売春は、のばらと子どもたち家族五人が生き延びるための重要な収入源である。

両親はすでに死別したのばらの語りには、他に家族がいるのか、夫の実家についてもでてこない。のばらの語りから、夫が未帰還のうえ経済的に頼る家族もいないし行政からも援助を打ち切られたシングルマザーが、子どもを抱えて占領期を生き延びるためにとった手段が占領兵相手の売春であったとしても、誰が批判できようか。

のばらは、日本人の夫との間に四人の子どもがいることを、客の占領兵にアピールしていることは注目に値する。「子供の玩具などを買ってきてくれます」というのばらの語りから、客の占領兵はのばらに子どもがいることを不満に思っていない。今回六三名の女性を分析したなかで、我が子のいる家で客をとっていることを語っている女性はのばらだけであった。のばらと占領兵のコンタクト・ゾーンに、のばらの子どもたちが介入しているのは特筆すべきことだ。英会話もできて行政の情報リテラシーに長けているのばらだからこそ、不特定多数の占領兵相手に月平均一万五〇〇〇円以上稼ぐことができたのだ。この月収は本書の「はじめに」で紹介した兵卒の月収二〇ドル（五四〇〇円）のほぼ三倍である。のばらの生存戦略は、占領兵に子どもがいることを隠すどころか、むしろ子どもがいることを占領兵にアピールしていることにある。そしてのばらが子持ちであることを武器にできたのは、のばらの子どもが日本人だったからである。

註

（1）実籍についていろいろと調べたが、正確なところはわからなかった。しかしながら、筆者が二〇一五年から共同研究で関わっている資料の公的記録には、担当者の記述で「実籍」という言葉が記されていることや、『街娼』の女性たちの語りと合わせて判断すると、占領期に「実籍」を提示しなければ、配給を受けられなかったり、会社で働くことができなかったり、当時の適正価格で部屋を借りれなかったりした。これらのことから「実籍」とは、今でいう健康保険証、パスポート、免許等といった個人の身分を証明するものであったと推測する。占領兵と交際するのに、実籍のあるなしでは経済的に大きな差があった。『街娼』のなかの家出した女性たちの多くは、「実籍」を実家に置いて出ているため、闇物資での生活を余儀なくされた。

（2）占領期第八軍福祉部長だったドナルド・V・ウィルソン博士は、栃木県で民生委員の選考委員をしていた［秋山 1978:241］。

第III部

恋愛の生存戦略

六三名の分析の中で、占領兵との恋愛を語った記述が圧倒的に多かった。占領兵との恋愛は、占領地女性からは極めて非対称な関係にある。その中で第4章から第8章では、占領兵と親密な関係に持ち込んだ日本女性の生存戦略について注目する。

ミュールホイザーは、占領地で故郷とは入念に区別された、「同じような世界」を作りだした占領兵がいたことを明らかにしている。たとえば、既婚者で本国のドイツでは二人の父親であるドイツ人調理師は、占領地リトアニアでも「妻」がいたことや、彼にとって本国と占領地との二つの生活は、相互に接点を持たないものだったということを、ユダヤ人生存者のシェリ・ラギンの語りで見出した［ミュールホイザー 2015:51］。

占領地日本でも本国と区別された、疑似結婚生活を作りだした占領兵たちが存在する。占領地女性と同棲して疑似結婚生活を作り出しているのが表①のAである。B―Dは、占領兵が交際相手の部屋に来るケースだ。Bは交際相手の女性も何らかの仕事をしていて、Cは無職で占領兵から毎月もらう金で生活している。Dは交際相手の帰国時に、交際相手から友人の占領兵を紹介されるケースである。前職業欄の（現）は、面接時に携わっている職業である。占領兵とのコンタクトの際、女性の側の資源と思われる原因を、学歴、金、コネ、美と分類した。学歴は文化的資源、金は実家の経済的資源、コネは社会的資源、美は美貌である。美貌の分類だが、前職が女優、ダンサー等、美貌にかかわる仕事をしていた場合、美に○を記入している。ここでダンサーというのは、くりかえすが指名された占領兵と二人でダンスを踊る職業の女性のことで、舞台ダンサーのことではない(1)。

表①から、占領地女性の前職業はダンサーが多いことに注目すると、占領兵が占領地女性と結婚を考えていない場合、ルックス重視で交際相手を選ぶ傾向にある。疑似結婚生活は占領地限定、期間限定の「結婚」なので、占領兵は占領地女性の学歴、金、コネにはこだわっていないことがわかる。むしろ占領地限定の交際と割り切っているため、占領地女性の実家の金やコネはかえって占領兵の足枷になる。

占領兵からもらう月収には幅がある。表①Aの占領兵と同棲している女性たちは月収も多く、現住所は将校クラス専用の施設が集中している場所にある。一方、一万円未満はアキ、夏子、菜乃花の三名だ。アキの交際相手はのちに詳しくみるように兵卒である。さつきは女学校を卒業後キャバレーのダンサーのときに黒人兵と知り合い、伏見で下宿をして黒人兵と交際しているところから、伏見区には黒人兵が住んでいたという目安になる。

本書「レイプの生存戦略」で登場した木蓮は、表①Bの木蓮のことだ。レイプ後に、占領兵たちから木蓮と一緒にレイプされてしまった女性の紹介で大津のキャバレーに勤めた。このキャバレーで木蓮は、Jと名乗る、「金持ちと見えて、モール

表①　占領兵と恋愛する積極性を示す占領地女性の特徴

	名前	年齢	学歴	金	コネ	美	月収	前職業	現住所
A	花音	20	県立高女卒		○		不明（交際相手は高級将校）	神戸市E局事務員	左京区
	蘭	27	女子商卒		○	○	2万円	N毛織事務員、ダンサー	左京区
	かりん	25	女学校中退	○	○	○	2万円の稼ぎをやめさせられ同棲	クラブ勤務	上京区
	ユキコ	19	小学校卒				3万円	戦時中N電池社員→洋裁	東九条
	椿	19	小学校卒芸者の資格			○	3万円	無職	左京区
	アイリス	不明	師範学校卒？				不明	教員	左京区
B	かえで	21	不明	○	○	○	1万5000円	大映女優→PX勤務（現）	左京区
	凛	34	女学校中退			○	1万円	ダンサー喫茶店員兼務（現）	左京区
	木蓮	20	実業女学校教師資格		○	○	4万5000円	ダンサー（現）	京都府
C	アキ	17	小学校卒				7000円～8000円	帯揚げシボリの内職	伏見区
	あさ	19	女学校中退	○	○		3万円～4万円	赤十字病院看護婦	左京区
	さつき	22	女学校卒		○	○	1万円（黒人兵）	ダンサー	伏見区
	夏子	20	女子商卒			○	6000円	キャバレー	四条
	菜乃花	21	小学4年				2か月に1回5円+ドレス装飾品食事	映画館	左京区
D	秋子	22	不明			○	日本貨で必要なだけ	ダンサー（現）	東山区
	ゆず	20	学院卒	○		○	2万5000千円	エレベーターガール	左京区

※宗教には言及していないのが特徴のひとつ
A：占領地女性と同棲して疑似結婚生活を作り出している
B：女性も何らかの仕事をしている
C：女性は無職で占領兵から毎月もらう金で生活している
D：交際相手の帰国時に交際相手から友人の占領兵を紹介される

バイ〔モーターバイク〕で乗り回したりタクシーを買って持っていた」占領兵と親密な仲になるもののJは一九四八年三月にさっさと帰国した。木蓮は、帰国のトラックに乗っているJを遠目に見てJが帰国するのを知ったのだ。

また、蘭（二七歳）は、三〇歳の高級将校と「楽しく」暮らしていたが、将校の妻がやってきたために別れていることから、妻（子）ある将校は、妻が来るまでの繋ぎとして占領地女性と交際する場合があることを示している。

蘭のように占領兵と同棲したかりん（二五歳）の場合も、同棲して一年後に同棲相手は帰国してしまう。この同棲相手と交際する前、かりんはクラブに勤めていて一か月二万円稼いでいたが、同棲相手に促されてクラブをやめている。この状況を同棲相手の視点でみると、クラブの人気者のかりんを、同棲相手は自身の「現地妻」として占有することに成功したといえよう。かりんの実家は裕福であることや、蘭も女子商を卒業したあと戦前は神戸でも老舗の毛織会社事務員だったことからも、将校以上の占領兵が「現地妻」として同棲する相手はそれなりに出身階層の高い女性を求めていたと考えられる。

靴屋の長女ユキコ（一九歳）は、ミスキャッチで病院に連れて行かれたときに「皆が美しい服を着てきれいにお化粧をしているのをみて」そのあとに洋裁の友人にパーティに連れて行ってもらって「コック」の兵士と恋仲になり、伏見の下宿の二階で同棲した。ユキコはこの占領兵の子どもを身ごもった当初、彼から子どもを産んでほしいといわれた。ところが占領兵は、帰国することがわかったとたん、ユキコに子どもをおろすことをすすめた。ユキコが堕胎した一週間後に、この占領兵は帰国した。ユキコとの同棲は三か月で終わった。このコックは結局のところ、ユキコにプロポーズしなかった。

木蓮、蘭、かりん、ユキコのそれぞれの事例は、占領兵と占領地女性の非対称な恋愛の典型事例である。

占領兵にとってこのように都合のよい占領地限定の恋愛の空間をコタクト・ゾーンで読み解くと、自身に有利なようにエイジェンシーを発揮して戦略的に占領兵のオンリーになっている日本女性の姿が見出される。

註

（1）カズさんは小学生の頃、カズさんを可愛がってくれた女性に連れられてその女性がダンサーとして働く大阪のキャバレーに行った。キャバレーでその女性は、ダンスを終えて占領兵からもらったチップを素早くカズさんの靴の中へ隠した、というエピソードを語ってくれた（二〇一五年七月二五日聞き取り）。

第4章　占領兵を虜にする女性たち

本章では、親密になった占領兵を虜にする日本女性に焦点をあてよう。

1．帰国命令がでたら延長申請させる女性あさ

あさ（一九歳）は第二次世界大戦中、京都の女学校を二年で中退して、大阪傷痍軍人療養所看護婦を志願した。そのとき兄ふたりは軍隊にいた。あさは看護婦養成所で三年働いたのち、大阪第二赤十字病院で三か月働き、戦火が激しい中、その病院から平壌（朝鮮）の赤十字病院におくられ、終戦とともに同僚の看護婦仲間二五～二六人と共に帰国した。

その後、あさは、第三X国（米国のこと）から京都に引き上げてきた叔父の関係で、写真焼き付け係をしていた占領兵と親密な関係になった。その占領兵とは結婚の約束をしていたが、結婚許可証が米国からやっと届いたのは、その占領兵が帰国したあとだったため、結局、結婚できなかったという過去を持つ。(1)

そのあとあさは別の占領兵と親密な関係になって、オンリー・ワンとして生活を続けている。調査員に語っている時点では、この関係は継続中である。この占領兵の場合、帰国予定のところを三年間の延長願いを出していることや、あさに渡す金が月三万円～四万円と、かなり高額なことを考えると、将校の可能性が高い。前の交際相手は、結婚許可証を取り寄せている最中に帰国してしまったことや、もらっていた金が月三〇〇〇円だったことから、延長願いを出すことすらできない階級の低い兵士だっただろう。

延長願いを申請している占領兵とあさはどこでどのように知り合ったのか、語っていない。しかしながら、叔父のところへ占領兵がたくさん訪ねてきたと語っていることから、叔父は占領軍関係の重要な仕事に就いていたと考えられるため、二番目にあさが交際している占領兵は、叔父の仕事絡みかもしれない。

また、あさ当人が二番目に交際している占領兵からもらっている金を、「収入」といっていることに注目すると、占領兵は延長願いを申請するほどあさに惚れているのに反して、あさは生活の手段として交際している。これがあさの生存戦略である。

2．占領兵が一緒に暮らし続けた女性は年配の元教師アイリス

カズさんが小学生の頃とても世話になった女性に、アイリス（仮名）という女性がいた。

アイリスはカズさんの家の近くで、ノームという名の占領兵とふたりで暮らしていた。

綺麗でおしゃれな女性が大好きなカズさんにとってアイリスの印象は、外見は四〇歳を過ぎていて、おしゃれではなかった。アイリスは当時、三〇代後半のカズさんの母親よりも年配にみえたという。

「ノームさんは、なぜ顔がけいれんしている、年配のおねえさんに愛情があるのか、子ども心に不思議でした」。

年配の兵士だったノームとアイリスの仲は良く、互いに名前を呼び合っていた。

戦前は学校の先生だったアイリスは、よく遊びに来たカズさんに勉強を教えてくれた。アイリスの話しことばは、カズさんいわく「本のとおり」だったので、東京方面の出身だったかもしれない。少なくとも、京都ではなかったことは確かだ。

カズさんが二人の住まいにいくと、空港にいるマッカーサーの写真が壁に貼ってあった。この写真にノームが写っていた。そのことをカズさんは父親に言うと、父親から、「ノームさん、実は偉いひとやで」と言われた。ノームは、マッカーサーとともに写真に写っているのとアイリスと同棲していることから、将校だったであろう。

カズさんには、ノームとアイリスと三人で一緒に寝た記憶がある。二人から英語を習った記憶も、楽しい想い出の一つだ。

ノームはアイリスと仲が良かったが、二人は結婚しなかった。

「ノームさんの家庭がアメリカにあって、わたしぐらいの子どもがいると、ある日おねえさんは言ってました」。

ノームは、占領地でカズさんに本国の子どもを、アイリスに本国の妻を重ね合わせていたのかもしれない。ノームは朝鮮戦争で戦地へ赴くまで、アイリスと京都で暮らしていた。ノームは、占領地にいる間、アイリスのことを愛していたからこそ、ずっとアイリスと暮らしていたのだろう。

ノームが、教養はあるが若くもなくルックスも良くないアイリスにあえて関心を示したのも、アイリスは、「結婚をせがまない、安心して付き合える女性」だったからという見方ができる。だがノームほどの地位の占領兵なら、そこまでアイリスに執着する必要はない。学歴の高い若い女性を得ることは不可能ではない。オンリーは、占領兵と親密な関係になりたい女性たちの垂涎の的なのだから。

ところがノームは朝鮮戦争で日本を出るまで、アイリスのことを離さなかった。コンタクト・ゾーンで二人の関係をみると、二人の出会いの空間では、アイリスはノームが日本を出るまで、ノームの心をつかんで離さなかったのだ。これがアイリスの生存戦略なのだ。

３．占領兵のみならず病院の事務長をも虜にする菜乃花

小学校四年修業の菜乃花（二一歳）は、母と兄妹弟五人の七人家族だ。「ようが〔洋画〕」の映画館に勤めているときに、占領兵と親密な関係となる。この占領兵の年齢は不明である。菜乃花の場合、同棲はしていない。菜乃花は占領兵と交際しているときにＭＰのキャッチに引っかかってしまい、性病で入院する。菜乃花の入院中、交際している占領兵は、毎日菜乃花の面会にやってきた。「チヨコレイトに、シガレツトに、パンにバタにしよくじ」を運んでくれた。菜乃花は病院に三か月間入院する。入院二か月目のとき、菜乃花は交際している占領兵が帰国するというので、病院の事務長に外出許可をもらい、駅へ見送った。

菜乃花の語りから、少なくとも占領地にいる間、この占領兵は菜乃花のことを大切に思っていたことがわかる。というのも、菜乃花が性病で入院中、毎日のように菜乃花に会いに来ていたからだ。菜乃花が入院している間、二人はセックスができない。もし菜乃花の体だけが目当てだったら、菜乃花が入院した時点で、この占領兵は菜乃花と別れ、他の女性に乗り換えることもできたはずなのに、この占領兵はそのようなことはしなかった。また、性的な関係が中心の交際だった場合、菜乃花が入院中、菜乃花と別れなくても菜乃花の彼はホーハウスに行くチャンスはあった。しかしながらこの占領兵は帰国するまで、毎日菜乃花に会いに病院へ通った。菜乃花は入院する前は、この占領兵からドレスや靴や化粧品をもらっていたが、金は二か月に一回の割合で五円もらっていたにすぎない。現在の通貨価値に換算すると、五〇〇円だ。二か月に一回五〇〇円だったということは、菜乃花の相手の占領兵は、兵卒だった可能性が高い。兵卒であっても五円の金は少なすぎる。この兵士は給与の大半を本国の家族に仕送りし

ていたのかもしれない。だからこそ、菜乃花には五円程度しか渡すことができなかったとも考えられる。

入院中の菜乃花が交際相手の帰国の際に、病院の事務長の許可をもらって見送りに行ったことは注目に値する。菜乃花は病院の人間、しかも管理職クラスの人間をも味方に引き込んだからだ。当時の性病病院は、拙著『パンパンとは誰なのか』で詳しく説明したとおり、性病に感染した女性たちは逃げ出さないように、有刺鉄線のフェンスに格子窓で、入口に見張りもいるという厳重な監視下に置かれていた。このような状況で、性病が完治していない菜乃花が、占領兵の帰国の見送りにいけるわけがない。病院を「脱走」すると、リンチが待ち受けている。このように考えていくと、菜乃花は占領兵を虜にしたばかりか、病院の事務長をも動かしたのだ。菜乃花の場合、出身階層は低く学歴も小学四年修業で文章もひらがなの平易な文体で調査員がところどころ、漢字を補っている。(2) 権力からは程遠い位置にいる。そんな菜乃花が、占領兵と病院の事務長といった立場の異なる二つの権力者側の人間は、結果的に菜乃花の希望に沿うように動いている。

菜乃花の事例は、圧倒的な権力の非対称関係の劣位に位置づけられている占領地女性のなかで、たとえ出身階層が低く権力から遠い女性であっても、状況をコントロールする行動をおこなっていたということを示した事例である。

註

(1) あさの最初の彼との交際については、結婚の生存戦略のところで取り上げる。

(2) たとえば、「けさつ（警察）」、「いうい（入院）」という具合である。

第5章　占領兵の意のままにならない女性たち

本章では、占領兵の思惑どおりにならない行動をとる日本女性に焦点をあてよう。

1．占領兵の本国からの子ども引き渡しを拒否する花

花（二一歳）の事例は、表には入れていない。その理由はこれからみていくように、花の場合、占領兵と実家のある熊本で知り合い親密な関係になったあと、占領兵の方は花に知らせず京都へ異動したあと、すぐに本国へ帰国して、京都では花と接触しなかったからである。

花と占領兵との間にできた子どもは、「〇〇眼の可愛い子」だった。この〇〇にあてはまることばは、おそらく目の色と考えていいだろう。「青い」あるいは「緑の」と言う具合に。目に関して伏字になっていることから、花の子どもの父親は、白人兵ということになる。

一九二七年一一月生まれの花が初めて占領兵と関係したのは一八歳のときなので、その占領兵の子どもを産んだのは一九歳ぐらいだ。子どもの父親が熊本から京都へ異動になったので、花は子どもを母親に預けて、その占領兵を追いかけて京都へ来た。だが彼は、すでに本国へ帰国していた。

占領兵がまだ熊本にいるときに、子どもが病気で入院した際、占領兵は一二〇〇円の入院費を花に渡しているところから、この占領兵は、花が自分の子を産んだことは知っていたはずだ。にもかかわらず、花に知らせることもなく京都へ異動したのち本国へ帰ってしまったことから類推すると、花との関係は、

占領地での割り切った関係だったと考えられる。花の語りから、子どもが占領兵から認知を受けたという語りはない。

その後京都で花は、生活のために不特定の米兵を相手にする。毎月一万円以上の収入の中から、熊本にいる子どものために三～四〇〇〇円ほど仕送りしている。花は毎日一人～二人の米兵を相手にして前金として六～七〇〇円、多い時に一〇〇〇円受け取っている。

花が住んでいる場所が深草で、占領軍の兵卒クラスのキャンプ地に近いことや毎日コンスタンスに複数の客を相手にしていることから、花の客は将校クラスの兵士ではない。もし花が将校クラスの占領兵がいる岡崎周辺で客をとっていたとしたら、岡崎周辺に居を構えないと、毎日複数の客をとることはむずかしい。深草から岡崎まで移動するのに、時間がかかるからだ。

花が京都で客をとって働いている時、本国から子どもの父が人を仲立ちにして、子どもをもらいに来た。占領兵の関心はあくまでも自身の血を引く子どもであって、花には関心がない。だがこの占領兵の思惑通りに、ことは進まなかった。花は占領兵からの申し出を、はっきりと断ったからだ。花は、フランスの教会の子どもをほしいという申し出も断っている。フランスの教会が花に子どもの引き渡しを申し出ていることに注目すると、歴史学者小野寺拓也が指摘するように、第二次世界大戦中のドイツ兵と現地女性との間に生まれた子どものうち、「「人種的に望ましい」者を登録、選別のうえ、ドイツへと連れて帰り、「ドイツ民族共同体」へと獲得しようという動き」［小野寺 2017:37］を想起させる。花の子どもが白人の子でなかったとしたら、フランスの教会は花の子どもを欲しただろうか。さらに熊本にいる花の母親にしても、「〇〇眼の可愛い子」だからこそ、花の子どもを預かったのではないか。

占領地女性との非対称の恋愛関係を謳歌して本国へ戻った占領兵は、花から子どもを引き取る申し出を拒否されるとは思わなかったに違いない。最後の最後で花は子どもの引き渡しを拒否するという行動で、占領兵の意のままにならなかったのだ。

2. 性的主導権を握るユウコ

一七歳のユウコは、父親の弟夫婦の養女として育った。ユウコは女子商業を二年で中退して、洋裁を習いながら継母の手伝いをしていた。ユウコの実家では、上の姉が女子師範を卒業し小学校の先生をしていて、下の姉は洋裁をして家事手伝いをしているので、比較的裕福な実家だということがうかがえる。ユウコが叔父夫婦の養女になったのは家計のためではなく、叔父夫婦に子どもができなかったからかもしれない。

ユウコは学校時代の友人を頼って京都京阪三条へ出てきたとき、駅で知り合った女性の家を後日訪ねたことがきっかけで、Bという一九歳の占領兵と親密な関係になった。ユウコは占領兵を紹介してもらうときに、「日本人のようなおとなしい人を欲しい」とリクエストして紹介してもらったのがBで、Bは「おとなしい人」だとおもわれる。ユウコにとって、初めてのおとこがBだった。Bはユウコに二〇〇〇円渡した翌日にチョコレートひと箱、イワシの缶詰三つ、クラッカーひと箱をユウコへ持ってきた。その後、ユウコは京阪三条近くの「パンパン屋のおばさんち」にいながら、Bと別の家で逢う生活をしている。

ユウコは行動力のある女性だ。英語ができなかったため、母親に内緒で一か月程英会話を習っている。家事手伝いをしながら洋裁を習っていたユウコの住む地元は田畑ばかりで映画館もなかったため、母親には英語を習ったので写真屋に勤めるから京都で自活したいと言った。最初は反対する母親を説得してやってきたのが、京都京阪三条だった。

このような行動力のあるユウコだからこそ、占領兵を紹介してもらうときに、「おとなしい人」と、自身の好みをはっきりとリクエストできたのだ。ユウコと交際している占領兵は、毎日ユウコの元へ遊びにやってきて、一週間に二回、「肉体の要求」をするという。ユウコは疲れているときは、「私は今日とても疲れているの」と言って、占領兵の「肉体の要求」に応じない。調査員の附記には「知能は普通以下」と記されている。この調査員の評価について、調査員はユウコに翻弄されているかもしれないということを前著で述べた［茶園 2014］。今回改めて確信したのは、キャッチから逃れるために友達の家を転々としていること、Bが来るときはキャッチに遭わないように別の家でBと逢っていることから、ユウコは行動力があるだけでなく、かなり頭がきれる女性であるということだ。このように考えると調査員の「知能は普通以下」という附記から、調査員にはわざと知能程度を低く見せていたと考えることもできる。ユウコは占領兵との交際で性的な主導権をとるのみならず、調査員にも予想のつかない女性である。これがユウコの生存戦略である。

第6章　占領兵をあてにしない女性たち

ドイツの占領地域では、占領地の女性たちは交際相手のドイツ兵の突然の異動などによって、「女性たちは先行きがまったく不透明な人物と関係を持っていた」〔ミュールホイザー 2017:156〕という状況は、日本を占領した占領軍の兵士と親密な関係になる女性たちも同様だった。

このような状況で、「現地妻」を求める占領兵は占領地女性に仕事を辞めさせて同棲する場合があるということを、本書第4章の事例分析に入る前に、恋愛の生存戦略の冒頭でかりんの事例としてすでに述べた。一方で、占領兵のなかには、交際相手がダンサーなど不特定の占領兵と一対一でダンスをするような仕事をしても、仕事をやめろとは言わない者もいる。この場合、占領兵のほうは複数の占領地女性と交際している可能性もある。

このように占領地日本での非対称な恋愛関係をコンタクト・ゾーンの概念でみていくと、占領兵をあてにしていない女性たちの姿がみいだされる。あてにしていないため、「突然また一人になるかもしれない恐れと同様に、不快どころか不安の材料」〔ミュールホイザー 2017:156〕にもならない。本章ではこうした事例を二例みていこう。

1. キャバレーに勤めている元女優かえで

元映画女優のかえで（二一歳）は、名古屋で生まれ、調査員に語った時点では左京区で暮らしていた。

父はかえでが五歳のとき母と折り合いが悪く、別れている。かえでが占領兵と知り合った場所は、かえでが女優のとき母の友人が経営していた京都の遊郭だった。かえでが遊郭に遊びに行ったときに、占領兵もその遊郭にいたのだ。かえでが女優をやめたのは一九四六年一〇月で、遊郭で知り合った占領兵が帰国したのが一九四六年九月なので、彼女が占領兵と知り合ったのは占領軍が京都を占領してすぐのことで、そのときはかえでもまだ女優だったということになる。

かえでが占領兵と交際したのは、「お金も欲しかった」からだ。

大映に入社していてスターになりたいと思ったので日本人と関係して金を取ったりしていると将来面白くないと考え○○ならば○○するだろうし結局心安いと感じて付き合っていた。母もこの間の事情をよく知っていて許していたし助言してくれた。

かえでは母公認で、金を取って占領兵と交際した。日本人と交際しなかったのは、交際が発覚するとスターになりたいかえでにとっては都合が悪いからだ。また、かえでの交際は、金を取る関係だということをかえで自身も認識している。かえでの場合、最初の交際相手がすぐ帰国したあと、調査員に語っている時点で六人目の占領兵と交際している。と同時に、東山のキャバレーにも勤めている。

かえでの、「××の日本の女に対する偽りのない条件をしりつくしているから一応ビネス・ライク〔ビジネスライク〕に適応的に交際している」という語りから、占領兵が占領地女性のことをどのようにみていたかがわかる。さらにかえでの、「好意はもっているが積極的な愛情とかいったものはない」、「今のような世の中だったら楽しく暮らしたら徳〔原文のママ〕だ。くそまじめになっても仕方がない」と語っていることと合わせて考えると、かえでの占領兵との交際は一対一の体裁はとっているものの、かえでにとって占領兵はあくまでも金を落としてくれる存在である。いつ帰国するかわからないことを認識しているからこそ、キャバレーの仕事も続けている。かえでは、占領兵を経済的にあてにしていない女性である。

2．ダンスホールと喫茶店かけもちの凛

沖縄の女学校を二年で中退した経歴の凛（三四歳）は、中退後、両親の働く横浜へきて二一歳の頃、結婚して息子一人をもうけた。その後離婚して夫に子どもを残し、凛は母のいる大阪で暮らし母を養うために大津でダンサーとなった。ダンサーの月収は三〇〇〇円で、そのうち二〇〇〇円～二五〇〇円を母に仕送りしていた。このダンサー時代にダンスホールで知り合った占領兵のオンリーとして交際する。凛はいつからこの占領兵と交際したのか語っていないが、この占領兵は一九四九年一月三日に本国に帰国した。

彼の帰国後、凛は京都へやってきて、別の占領兵のオンリーとなって同棲しながらダンスホールと喫茶店をかけもちして働く。

凛は本書で分析した『街娼』の六三名の女性の中で、三六歳ののばらにつづいて年長者であることは注目に値する。占領兵と交際する女性は、二〇歳前後の女性が多い。内訳は、六八％が一九歳～二四歳の年齢だ。凛と同世代の三〇歳以上になると、八％しか存在しない。この八％のなかには、街娼に部屋を貸している女性も含まれている。このような状況で、八％の中に含まれる凛は占領兵のオンリーとして交際し、その占領兵が帰国したあとすぐ別の占領兵のオンリーになった。

凛よりほぼ一回り若い元看護婦のりら（二三歳）は、病院で「パンパン」の女性たちにいろいろきいて「これぞと思い」看護婦をやめて、占領兵を相手にすることにした女性だ。彼女は、はじめは月二万円もらうオンリーの生活をしていたが、交際相手が帰国してから複数の占領兵と交際するに至った。複数の占領兵と交際するのは、「ただ一人の○・○につくことが望みであり、そういう相手を探しています」と、オンリーの相手を探すためだ。りらの月の稼ぎは五〇〇〇円～八〇〇〇円だ。

りらよりも一一歳年上の凛は、交際相手が帰国してもすぐ、別の交際相手のオンリーになっていることは注目に値する。そしてオンリーの収入は月一万円でりらよりも収入が良く、凛はとぎれなく占領兵のオンリーとして交際しつつも、ダンスホールと喫茶とのかけもちの仕事を続けている。ここに占領兵との交際に冷静な凛の姿がある。占領兵との関係が突然終わりになっても、自活して生きていけるように凛は動いている。これが、凛の生存戦略である。

第7章　生存戦略としてオンリーの座を得た女性たち

占領期に占領兵の専属の恋人になるということは、勝者側の富と権力を占領地女性にももたらす。したがって、オンリーの座は一部の占領地女性にとっては垂涎の的であった。この垂涎の的の対価として、彼女たちには「洋妾」というレッテルが貼られた。このような状況にあって、あえて戦略的にオンリーの座を得た女性たちについて本章で注目しよう。

1．オンリーになるべく事前準備をおこたらないアキ

「キャッチさえなければ天国」と、オンリーの生活に満足しているアキ（一七歳）の学歴は尋常小学校卒で、母親と五人の姉の一人とアキの三人で暮らしている。父親は一五年前に母親と別居し、他県で「妾」と同棲している。すでに独立している兄が一人いる。アキは一九四八年二月に市役所に勤めている男性と結婚するが、夫の浪費が原因で京都の実家へ戻り、帯揚げシボリの内職で生計を立てていたが、それでも生活が苦しいためアキは、友人の紹介で占領兵とはじめて性的関係を持ち、「三〇〇円とチョコレート箱とビール、缶詰」をもらった。このあとアキは、「自棄気分になり、〇〇と交際する気になり、英語を練習し室を一室借りました」、と事前準備を行なってから友人の紹介で占領兵をみつけ、オンリーとなった。生活のために占領兵から安定して金品をもらうには、特定の一人の占領兵と交際するオンリーになるほうがいいということを、アキは金のために初めて占領兵と性的関係を持ったあと悟ったのだ。オン

リーという地位は毎月の安定した生活が保証されているため、占領兵とコンタクトを持ちたい占領地女性にとって、競争率が高い。英語を練習しているところから、教養の高い兵士のオンリーをねらっていたといえる。というのもカズさんが小学生の時知り合いの占領兵には英文の手紙を書くことができずに、カズさんの父親が代筆したこともあったからだ。

学歴、金、コネのないアキの生存戦略は、英語を学び部屋を借りるという用意周到な準備を行なったことで、みごと、占領兵のオンリーの座を得ることができた。

2．占領兵へのあこがれと生活困窮からオンリーを選んだ花音

神戸市の県立の高女卒の花音（二〇歳）は、高女卒業後神戸市の事務所に勤めていた。両親は神戸の戦災でともに亡くして、八歳の弟が一人いる。父親は生前、菓子製造業を営んでいたため、花音はもともと社長の娘だったことになる。また、神戸市の職員として働けたのも、県立高女のコネクションが大きいと考えられる。事務所では食事込み一か月一〇〇円の給料が遅延して、三か月に一度しかもらえなくなったため、生活に困窮して弟を母の友人に預け、花音は大阪で下宿して闇市の飯炊きで生活していた。

この飯炊きをしている時に、花音は友人にであった。花音の友人はそのとき、旅館に部屋をかりて占領軍の客をとっていた。「私も〇〇へのあこがれと、生活に困っていた自暴自棄とで」、友人の客の紹介で占領兵と知り合った。

その〇〇は××の頭でした。△△△の上の位の人だった。

△△△にはGHQの文字が入る。その後、その頭の部屋で花音は頭が帰国するまでの半年間同棲した。花音自身、同棲相手については「△△△の上の位の人」という以外、何も語っていないが、相手は高級将校であろう。もし占領兵が兵卒であったなら、規則正しくキャンプへ帰るため、同棲することはできないし、独身将校は独身将校専用の宿舎が用意されているため、京都で同棲することはむずかしい。

花音がこの兵士と知り合ったのは、花音の友人の交際相手を通じてだった。彼が帰国した後花音は面接時別の占領兵のオンリーになっていることに注目すると、高級将校のオンリーになることができたのも、花音の友人が将校クラスの兵士と交際していたことにほかならない。すなわち、花音も花音の友人も出身階層が高いと思われる。この状況で友人に占領兵を紹介してもらえるよう、花音が積極的に動いたのである。

花音の生存戦略は、占領兵ならだれでもいいのではなく、花音のあこがれを満たしてくれる占領兵が欲しかったのだ。その結果、花音は高級将校のオンリーの座を得ることができたところに、彼女の生存戦略がある。

3．養父母との不仲で家出して自活という積極性が夏子をオンリーへ

「世の中の人は○○と交際するのをすぐ悪いように言うのはひらけていないと思います。○○と恋愛するのにわるい〔原文のママ〕理由はないと思います」と、調査員に占領兵との恋愛に批判的な社会に対して異議申し立てをする夏子（二〇歳）の語りから、夏子自身は占領兵の娼婦ではなく恋人であると思っていることがわかる。

女子商業学校卒の夏子の養父母は義理の姉夫婦が養っている。夏子は養父母と意見が合わないので家

を出て自活している。それまでは実家で洋裁の内職をしていたが、家を出て自活することになって、地元のダンスのレッスン場で働いて月五〇〇〇円を貰っていたが、その後京都へ出てダンスホールで職を得た。それから大津のキャバレーに住み込みで働いているときに、占領兵と交際するようになった。

そして面接時交際している相手は二二歳で四条松原の夏子の下宿へ土日にやってきて、夜九時頃に帰ることから、外出時間の自由がままならない兵卒であることがうかがえる。

「チューインガムやチョコレートやキャンデーなど菓子をもってきてくれますし、ビールを飲んだり、ダンスしたりして遊びます。三条のスケートリング、朝日会館の映画見物、〇〇〇クラブへ行くなどしています」、「一か月六〇〇〇円ほどの収入です。必要のものは〇〇に貰います。煙草一日一箱、ビールは飲みます。雑誌は「スタイル」とか「美貌」などを読みます」と語っていることから、占領兵との交際を夏子は満喫していて、「今の生活は面白いと思いますし、家へ帰る気はしません」と語っている。一方で、「親が帰れといえば田舎へ帰るつもりです」と、折り合いの悪い養父母の態度次第では実家へ帰る心づもりをしていることから、夏子にとって占領兵との交際は、意見の合わない養父母から逃れる手段であることがわかる。親の命によっては田舎へ帰ることに決めているものの、アキや花音同様、夏子も自活する手段として占領兵のオンリーとなっている。親元から離れ、米国の文化を謳歌するのが夏子の生存戦略である。

第8章　ホモソーシャルを利用した生存戦略

占領兵が帰国するときに、交際していた被占領地女性を自身の友人に紹介する事例がある。この理由として考えられるのは、帰国した後の交際相手が経済的に困らないようにという配慮がある。しかしながらこの配慮は、あくまでも性的行為とワンセットの配慮であるということを考える必要がある。と同時に、帰国する占領兵と、その占領兵の彼女を譲り受ける占領兵との間には、男同士の絆というホモソーシャルな関係がある。

次に紹介する秋子とゆずの事例は、いずれもホモソーシャルの関係を利用した生存戦略の事例である。

1．三六歳年上の占領兵と親密な関係をむすぶ秋子

父親が日本人、母親が朝鮮人の秋子（二二歳）は一三歳〜一四歳頃、満洲奉天にある百貨店で売り子をしていた。秋子の父は秋子が八歳のとき、他界している。秋子は百貨店の売り子のとき、京都の宇治の茶店大家の息子Iと知り合い関係を持つ。

Iが京都へ戻ったので、秋子も後を追って京都に来た。生活のため、秋子は工場へ勤め、住まいはIの叔母（母親の妹）が経営するアパートだ。

Iは他家の養子になったため秋子はIと結婚できなくなって、失望してダンスホールのダンサーとなった。秋子がダンサーになった動機は、Iへの失恋が原因といえる。

このダンスホールで、秋子は占領兵と知り合った。

東山のダンスホールで知り合った○○と親しくなって、交際をつづけていたが、一年半ほどしてその○・○が帰国したので、その紹介によって、現在の○○、五八歳ほどの△△をオンリー・ワンとして交際をつづけている。

最初に付き合った占領兵の年齢は不明だが、五八歳の同僚を紹介したところをみると、ふたりとも将校だろう。というのも、秋子が最初に交際した占領兵とは東山ダンスホールで知り合ったからだ。東山ダンスホールは、「都ホテルから山科方面へ抜ける途中、九条山の中腹に位置し、資産家の尼崎三之助が一〇〇万円以上を投じて建設した高級ダンスホールだった」［青木 2013:308、佐和 1984:764］ことから、終戦後は将校専用のダンスホールになったと推測できる。秋子の交際相手がこのダンスホールに出入りしていたのだから、秋子の交際相手も、秋子の二番目に交際した相手も、将校である。

秋子の経歴は、一切わからない。学歴はどうだったのかさえわからない。ただ植民地の百貨店の売り子をしていたということや、京都ではIの叔母が経営するアパートに住んでいたこと、そして将校が集うダンスホールに勤めていることからも、亡くなった父親の何らかのコネクションを持っていると思われる。日本人と結婚した朝鮮人の母親にしても、母親が結婚したのが朝鮮が日本の植民地だった時期であることを考えると、秋子の両親の関係は、占領期の占領兵と占領地女性の関係と類似している。これまでみてきたように、占領兵が占領地女性との結婚を考えるのは、占領地女性の実家が裕福かあるいは実家か学校の強力なコネクションを有している場合である。この条件は、秋子の両親の結婚にもあてはまるであろう。すなわち秋子の母親は、出身階層の高い植民地女性だったと思われる。したがって、Ｉの叔母も秋子に住まいを貸したのだろう。

秋子の相手が親子ほどの年の離れた将校である以上、将校の国元には妻子がいる可能性が強い。もしかすると子どもは秋子と同世代かもしれない。このように考えていくと、帰国する際に自身の友人に秋子のことを紹介する占領兵は、秋子のことをまるでネコやイヌのようなペット扱いをしているように思える。可愛がっていたペットを残して帰国するのは心苦しいので、せめて友人にもらってもらおう、という気持なのだろうか。これまでみてきたように、占領兵は帰国が決まるとさっさと本国へ帰国してしまう。本国に妻（子）がいる場合はなおさらである。

にもかかわらず秋子の相手は、秋子を残して帰国するのは忍びないと思っている。いや、秋子のふるまいが占領兵の気持をそのように仕向けたのである。だからこそ、秋子に自身の友人を紹介し、秋子も五八歳の占領兵と交際するに至った。これが秋子の生存戦略である。

2．結婚への生存戦略をねらうゆず

女学校卒のゆず（二〇歳）は、一八歳の時「国元に奥さんがある」二七歳の占領兵と知り合った。ゆずはこの占領兵とはホテルで逢っていた。高級将校クラスの単身兵士の宿泊施設はホテルなので、ゆずの交際相手は高級将校だ。交際して一年もたたないうちに、この占領兵は帰国する。帰国する際に、この兵士も秋子のケースと同様、別の占領兵を、ゆずに紹介して去った。

ゆずの実家は喫茶店で暮らし向きはやっとという経済状態だったとはいえ、ゆずは女学校を卒業しているので、少なくともゆずを女学校に出せる金はあった。両親が一九四五年と四六年に相次いで病死するまで、ゆずは家の手伝いをしていて、とくに外で働いていなかった。とすると、ゆずの「暮らし向きはやっと」という基準はあくまでも、ゆずの視点での基準である。ゆずはこの将校とどこでどのようなかたちで知り合ったのか語っていないが、将校と交際しているとき、エレベーター・ガールとして勤めることができたと語っている。ゆずには両親がいないので、交際していた将校の紹介でエレベーター・ガールという職を得たと思われる。また、将校の紹介ということから、美貌を資源として持っていたとも思われる。いずれにせよゆずは、かなり影響力のあるコネクションを持っている将校から職を紹介させたのだ。

この将校が帰国するときに、別の兵士を紹介してくれた。年齢は不明だが月収は二万五〇〇〇円と語っていることから、紹介された兵士も将校であることは確かである。

ゆずはこの将校と金を折半して、大阪に二五万円で家を買った。彼が大津へ異動したため、大阪の家はゆずの友人たちに家賃代として月一〇〇〇円ずつもらって、家を貸している。ゆずは他の女性たちと異なって、「実籍」を持っているため、配給を受けることができるため自炊している。弟二人には毎月五〇〇〇円を仕送りして、必要なものは適宜買ってあげている。このようなことからも、ゆずは堅実に暮らしているといえる。

ゆずは占領兵との交際で、はっきりと「結婚ができるなら結婚したいし、現在の生活に満足しています」と語っている。一方で、「〇〇〇が帰ったあとのことを考えると、不安になります」とも述べている。そして「生活するとすれば、英語を使うような仕事」をしたいと述べているが、ゆずはこれまでみてきたとおり、交際相手に職を紹介してもらい、その交際相手が帰国する際には別の交際相手を紹介してもらっている。交際相手との折半とはいえ、不動産も得た。彼の転勤の際、友人たちに一人月一〇〇〇円で住まわせていることから、ゆずの生活は着実にステップアップしている。このステップアップこそ、ゆずの生存戦略である。

第Ⅳ部

結婚の生存戦略

表②は、占領兵にプロポーズされている一一名の女性の特徴をまとめたものである。彼女たちの学歴と金とコネは連動している。全員が親や親戚、学校関係者等にコネクションを持っている。Aは兵士の親あるいは占領地女性の親に結婚の承認を受けているケース、Bは双方の親の承認は受けていないが、占領兵が占領地女性に結婚の約束をしているケースである。占領兵から月二万円、五万円といった高額の金をもらっている女性たちは、将校クラスの兵士と交際していることがわかる。と同時に彼女たちの出身階層も高く、出身階層の低い女性と結婚を前提に交際する占領兵はいない。

さらに、あさ（一九歳）とゆり（二〇歳）の事例で共通していることは、結婚を約束した占領兵の出身階級よりも、占領地女性の出身階層が高いことにある。

本章第4章で、交際相手の占領兵に延長願いを申請させたあさは、その前の交際相手は結婚許可証があさの手もとに届いたのとすれちがいに、交際相手が帰国した過去をもつ。あさの実家は裕福で、あさの叔父はGHQに強力なコネクションがある。というのも叔父は占領兵が大勢集まる仕事をしていたからだ。その中のひとりと結婚申請をするほどの恋仲になって結婚許可証を得たため、叔父は占領軍と強力なコネクションがあることがわかる。あさの語りから、実家が裕福（経済的資源）で、叔父のコネクション（社会的資源）があることや、あさの前職が赤十字看護婦（社会的資源）だったことが、占領兵の正式な妻として重要な要素であることがわかる。また、女学校中退は看護婦になるための中退であった。

ここで、結婚申請中に相手が本国へ帰ってしまったことに注目すると、あさと結婚の約束をしていた相手は、結婚申請の結果がわかるまでの間、日本で滞在時期を延長するという権限がなかった兵士であろう。このことから、兵士の階級とあさの出身階層のつり合いはとれていないことがわかる。

ゆりの実家は裕福で両親健在で、ゆりは女学校を卒業して洋裁店を経営していて、一七歳の弟が一人

表② 占領兵から結婚の約束を引き出す日本女性の特徴

	名前	年齢	学歴	金	コネ	美	宗教※	月収	前職業	現住所
A	あさ	19	女学校中退	○	○				赤十字	左京区
	梅子	21	女専中退		○		○	2万円	米軍タイピスト	左京区
	さくらこ	21	小学校卒→看護養成所卒		○	○			基地ウエイトレス	伏見区
	春香	21	不明	○	○			2～3万円	ハウスメイド	左京区
	つくし	18	女専卒→宝塚退学	○	○	○	○	3～5万円	米軍タイピスト	東山区
	なつめ	19	女専中退	○	○	○			伝統芸能女優	左京区
B	苺	21	女専中退	○	○		○		ハウスキーパー	左京区
	たまこ	19	女学校中退		○	○			ダンサー	東山区
	はまな	17	女学校中退	○	○				無職	舞鶴
	ふじ	不明	女学校卒	○	○			服等もらうだけ	洋裁店経営（現）	左京区
	ゆり	20	女学校卒	○	○				洋裁店経営（現）	伏見区

※宗教→カトリック、キリスト教を信仰している、あるいは出身校がカトリック系
Aは兵士の親あるいは占領地女性の親に結婚の承認を受けているケース
Bは双方の親の承認は受けていないが、占領兵が占領地女性に結婚の約束をしているケース

いる。ゆりは一七歳のときに知り合って処女を捧げた占領兵（当時二六歳）といまでも愛し合っていて、「結婚したいと思っています」と述べている。

この占領兵は、本国では「自動車運転手」をしていたことから、あさ同様、ゆりの出身階層のほうが占領兵の階級よりも高い。

苺（二一歳）の事例は、結婚を約束していた占領兵が急死したことにより結婚できなかった事例である。京都の某課長や会社社長をしていた父を持つ苺は高女卒業後、女専へ進学した経歴をもち、高学歴である。父は五年前に心臓まひで他界したため、苺の家族は、母方の祖父の仕送りと、苺が家計のために女専を中退しハウスキーパーとなって生計をたてている。ハウスキーパーのあと苺はTビルにつとめ、その後心臓脚気で仕事をやめてしまう。一九歳のとき苺は結婚するつもりの二〇歳の占領兵と関係を持ったが、その占領兵は急死してしまった。苺は急死した彼以外、関係したことはないと語っているが、苺の語りから、苺のように占領兵と親密な関係になった女性は、パンパンとしてキャッチされている状況が浮かび上がる。

このように婚姻関係においても、戦勝国の男性と敗戦国の女性との間には圧倒的な権力の非対称性が存在する。

以上を踏まえ表②を占領地女性のエイジェンシーから見直した場合、彼女たちに共通するのは出身階層が高いこと[1]に加え、占領兵から結婚の約束を引き出す能力のある女性である。

註

（1）このデータ結果は、西川が聞き取りをしていく中で明らかにした「英語使用空間で働いた人々は高学歴［西川 2017:239］という調査結果と一致している。

第９章　占領兵から結婚の約束を引き出す女性たち

1．占領兵のハートをつかみつつ、結婚できないときの対策も万全の春香

春香（二一歳）の父は、春香が四歳のときに死亡した。父はかつて製箱商で二三人の従業員がいた。その後は席貸をしている母に育てられ、兄二人姉二人の末妹で、女学校を卒業してからハウスメイドになった。春香の実家が裕福なのは、「家庭が席貸で楽なのでメイドの収入の多寡は問題にならなかった」、「メイドの収入はおこづかいにつかってしまった」という語りから明らかだ。春香はハウスメイドのときに、「自分の興味から」占領兵と関係をもった。その後春香は回虫が湧いたために休暇をとったかたちで、ハウスメイドの仕事は「サボった形になっている」。

春香が結婚を前提として交際している相手は、本国ではレスリングの選手で、春香は本国の家族とも文通している仲で、将来結婚したいという気持ちがある。彼からは、子どもがあれば結婚しやすいからと、結婚を強く望まれている。一軒家を借りて月二万円～三万円の収入と、服、酒、タバコももらっているので、春香は「ゆっくりやっていける」と語る。春香自身は働いていない。さらに春香は、新しく来た占領兵に女性を紹介することもある。このように占領兵からは何不自由のない暮らしを提供され、強く結婚を望まれるほど、春香は占領兵を虜にしたのだ。春香自身も占領兵との交際を、「はっきりした恋愛関係でありこの生活に積極的な愛着としんじつ感を感じている」と語るほど、春香と占領兵とのコンタクト・ゾー

ンで春香は勝者側の占領兵を、とことん惚れさせている。

一方で、春香はとても現実的な側面もある。

まず、春香は占領兵から積極的にプロポーズされていることを、母親には秘密にしていることだ。春香の母親は春香と占領兵との交際を一応認めているものの、二人の交際をとても心配しているからだ。次に、占領兵から二人の子どもを望まれていることを語っていても、春香自身の気持ちは語っていない。きわめつけは、「貯金も少しあるから結婚できない時は洋裁店の経営でもやりたい」と語っていることだ。占領兵との生活を満喫し結婚を望んでいて、相手の本国の家族とも文通をする間柄にまでなっていながら、春香は結婚できないときの対策も同時並行に立てているのだ。洋裁店を経営するほどの金は、毎月占領兵からもらう金から蓄えていたのであろう。

春香同様、占領兵と結婚前提で付き合い、本国の家族と文通しているなつめ（一九歳）は、春香とは考え方が対照的なのは注目に値する。裕福な家庭出身のなつめは実家に内緒で占領軍が経営する京都ステードサイドシアター（旧京都宝塚劇場）に出演していた。この劇場は、「米軍将校の家族を相手に「日本的なショー」を上映することもあった」［青木 2013:311］ことから、日本の伝統芸能をみせる将校クラスの兵士とその家族専用の施設である。格式が高い劇場とはいえ、実家に内緒で出演しているのは大胆な性格だ。そのときに占領兵の彼と知り合い、同棲している。なつめのような大胆な性格だからこそ、同棲できるくらいの財力の占領兵からプロポーズされ、彼の本国の家族とも文通できるのだ。なつめ自身暇を持て余し何か仕事をしたいとおもっているが、彼が許してくれない状況にある。このようななつめも「現在の国際情勢で」、将来的に交際相手と結婚できるかどうか不安を抱えている。だからといって、春香のように何らかの対策をたてているわけでもない。実家が裕福なので対策を立てる必要もないのだろうが、実家が裕福なのは、春香も共通している。
春香の場合、占領兵の家族まで巻き込んで占領兵の気持ちをしっかりとらえつつ、結婚できなかったときの対策も冷静に立てている。この冷静な行動が、春香にとっての生存戦略といえよう。

2．財力のある両親をコンタクト・ゾーンに引き入れたふじ

女学校卒のふじ（年齢不明）の父は、地方で風呂屋と漁業のブローカーを現在行なっていて、収入は多大だ。この時点で実父は経済的資源と社会的資源を有している。ふじは妹二人と京都にやってきて三か月洋裁学校へ通ったあと、洋裁店を経営している。店は父が出してくれたものだろう。調査員の附記によると、「お茶は裏千家、お花は池坊を三年やり師匠の免状を持っている」とあることと合わせると、ふじは女学校卒という学歴の他に茶道と華道の文化的資源を有した資産家の娘である。

目下交際している占領兵は二六歳で、毎日ふじのもとへ泊りにやってきて、ふじと結婚することを希望している。ふじの両親も、結婚することを条件にふじと占領兵との関係を許している。六三名の分析のなかで、占領地女性側の両親が占領兵との結婚を許しているのは、ふじの事例のみである。また、ふじはこの婚約者からは服等もらうだけで、金はもらっていない。富裕層であるふじの両親が占領兵との結婚を認めているからこそ、占領兵からの金銭的援助は必要ないのだ。このことからふじの事例で特徴的なのは、占領兵とふじのコンタクト・ゾーンに、ふじは被占領者である自身の両親を引き入れたことにある。というのも、「アメリカ兵士との結婚を決意した女性の中には、親が反対したために、戸籍を取り寄せることができず、結婚を諦めた日本人女性も沢山いる」［林 2005:32］からだ。占領兵と結婚するためには、戸籍謄本が必要だからだ。また、オーストラリア兵と結婚した呉の日本人女性の調査をおこなっ

た田村惠子も調査期間中、オーストラリア兵との結婚を両親や家族が賛成してくれたと語る女性に出会ったことはなかったという［田村 2002:150］。

これまでの事例でみてきたように、実家に内緒で交際したり、実家を飛び出して交際したり、あるいは生活のために交際している日本女性が多い状況で、実家の支援を全面的にあてにできる状況は心強い。結婚できない状況になったとしても、他の女性が感じているような経済的な不安はない。したがってふじの生存戦略は、自身の両親に占領兵との結婚を認めさせたことにある。

また、ふじの語りには言説戦略があると考えられる。調査員の附記には、占領兵との交際について、「かかる生活は日本人として恥ずかしく、日本の男性に顔を合わせるのは辛いといって落涙する」とあるからだ。だが、調査員はふじの語りに若干の疑問を呈している。というのも、附記にはカッコつきで、「積極的に結婚まで発展しようとする気持ちと辛くて恥ずかしいという気持ちの矛盾!!」と追記されているからだ。しかしながら、附記の最後の、「まじめな女の様だが華美な生活を好む」という記述に注目すると、華美な生活を好む印象を調査員に与えているにしても、「まじめな女の様だ」という印象も同時に与えていることから、ふじの言説戦略は成功しているといえよう。

第10章　占領兵のプロポーズをかわす女性たち

1．場をコントロールする梅子

占領兵から結婚の約束と弟の学資を引き出した事例として、東京の米軍基地でタイピストとして働いていた梅子（二一歳）の語りをみてみよう。梅子は米軍基地で働いていたときに、現在交際している占領兵と親しくなった。その占領兵が転勤で京都へ移動することになり、梅子もついてきた。梅子は、新制高校に通学している弟の学資のために、生命保険会社でタイピストとして働き始めた。

ところが梅子はＭＰからキャッチされ、そのときは許されたものの、会社にキャッチされたことを知られて、会社をクビになった。梅子のこの語りから、会社は梅子がキャッチされたことで、パンパンではないかというラベリングで会社は梅子をクビにしたと思われる。梅子の彼は梅子の弟に学資の援助をした。当初梅子と占領兵の交際に反対していた弟は、学費を出してくれる梅子の彼に感謝しながら通学するようになった。梅子と結婚する意志を示している彼は、一か月二万円を梅子に渡し、服や菓子などを持ってきてくれたり、日用品等は本国の彼の家から送ってくれたりすることから、彼の家族公認の仲だ。梅子がカトリック信者であることも、彼の家族から承認された重要な要素のひとつだといえる。

圧倒的な非対称の関係において、被占領者である梅子と占領者である彼とのコンタクト・ゾーンで梅子は彼との結婚を条件に、彼やさらに本国の彼の家族からも金品を引き出すという生存戦略を駆使している。春香やなつめの事例では、交際相手の本国の家族とは文通する間柄だが、梅子の場合は交際相手の本国の家族から物資の援助も受けていることは、注目に値する。

このような生活を梅子は、「弟の事だけを考えています。学校を卒業して一人前となったとき、私は死んでもよいと思います」と調査員に語っているが、この語りは梅子の調査員に対する、受容可能な動機の語彙と考えることもできよう。動機の語彙について上野は、「なぜそれをしたかを問われて答える「語り」の選択範囲は決して自由ではなく有限である。そのなかで個人は、社会的に受容可能で、かつ自分に有利な動機の語彙を採用する。そしてそのように採用された「動機」は原因ではなく、事後的に構築されたものである」［上野 2018:29］という明快な説明を行なっている。具体例として上野はＤＶ妻が夫と「別れない理由」を「子どもから父親を奪いたくないから」と答えたとしたら、それは自己犠牲的な「母性愛」として社会に受容されることをあげている。

調査員の附記には、「自称カトリック信者で、現在の生活を神は許してくれるであろうと〔彼女は〕語っている。知能程度高く、感情も洗練され、理知的な感じがする。しかし物凄い煩悶の刻印は消え去らない。苦悩するインテリ女性の感じが深い」と、梅子がカトリック信者であることに若干の疑いを持っているにしても、占領兵と交際する女性を更生させる立場にある調査員に梅子の語りは受容可能である。梅子の本音は別のところにあっても、調査員には弟の学費を捻出するためにしかたなく占領兵と交際していることを印象づけていることや、占領兵の本国の家族とも公認の仲であることを調査員に強調することで、調査員からパンパンであってもやむをえない理由を持っていると思われている。言い換えれば、パンパンである状況を調査員に納得させている。

さらに、キャッチされたことが原因で、もはや一般企業で働くことができない梅子にとって、弟が学校を卒業するまで占領兵の彼からの資金援助は大きい。このことに注目すると、梅子は弟への学費をサポートしてくれるような将校クラスの兵士をターゲットにしていることも見逃せない。というのも交際相手からもらう金は月二万円であるのと、本国の実家にしても裕福であるからこそ、息子の交際相手である梅子に物資の援助ができるのだ。梅子にとって占領兵との交際は結婚をちらつかせながら実のところ交際相手の金品援助が目的なので、交際相手が本国に毎月送金するような兵士では困るのだ。

したがって、占領兵の彼やその家族にも調査員とはまた別の言説戦略を駆使しながら、場をコントロールしているのが梅子の生存戦略である。

2. 次々と占領兵を夢中にさせて結婚する気のないつくし

つくし（一八歳）は、父親が会社の経営者で妾三人を養うことができるほど、暮らし向きは裕福だ。つくし自身は四歳のとき、伯父伯母の養女となる。実母は子ども四人を残して離婚している。つくしは京都の高女を卒業後宝塚〔音楽学校〕に入学するが、父に強制的に退学させられたあと、米軍基地でタイピストとして働く。このとき知り合った二三歳の占領兵を愛して、つくしは結婚するつもりだったが、彼はその二か月後再来日する予定で本国へ帰国してしまう。つくしはその後舞鶴で他の占領兵と関係する。その占領兵も帰国してしまうが、最初の占領兵同様、後日、再来日するという手紙を受け取っているが、つくしは別の占領兵と交際しはじめる。つくしのこのようなふるまいを調査員は、「その経過をみると、愛する故に経験したことが端緒となり、金が目当てとなり、大して愛さなくても身を許し同棲する様になる」と記しているが、美貌に恵まれ高学歴で、米軍基地でタイピストの仕事もしていたつくしが単に金目当てのために、次々と交際相手を変えているとは思えない。というのも帰国した占領兵たちは、日本に戻ってくることをつくしに知らせているからだ。つくしと交際した占領兵たちは、つくしの出身階層が高いことで、自身の妻にしたいという欲望があったのだ。

このようにつくしの恋愛遍歴はタイピストの仕事以降、合計四人の占領兵のオンリーとして交際し、そのうちの三人がつくしに積極的な愛情を示している。とりわけ四番目の交際相手は、つくしとの結婚に積極的で、本国の占領兵の母親から手紙ももらっているが、つくし自身は結婚する気はない。三番目の交際相手は、つくしが性病で入院しているときに、「ホー・ハウスのおんなと関係」したため、つくしのほうから別れている。三番目の彼にしても、つくしのほうから別れるという主導権を握っている。

さらに宝塚音楽学校に注目すると、戦前から宝塚音楽学校の生徒たちは「良家の出身が多い」［柿田 2016:247］。つくしは、その学校に入学したにも関わらず、父親の力で退学させられるということから、父親の社会的資源はかなり大きいことがうかがえる。つくしは美貌、芸術の才能、高学歴であることに加え、女学校はキリスト教系であることからも、つくしは占領兵が結婚を考える占領地女性としての条件をすべて満たしている。

つくしは女学校時代、フラッパー（おてんば）で喫茶店遊びを楽しんでいたために、警察の部長をしている親戚の家に夏休みに一か月預けられ、鍛えられたと語っていることから、礼儀作法も厳しく仕込まれていることがわかる。つくしのこうした要素は、「極めて陽気でよくしゃべり、よくはしゃぐ」、「家庭が封建的厳格さ」と記した調査員の附記に端的に表れている。これらの要素を持ったうえでつくしは、米軍基地でタイピストとして働いていたのだ。このようなつくしだからこそ、占領兵たちがつくしに魅了されるのも無理はない。つくしと結婚したがった占領兵は、他にもいたかもしれない。

このように、つくしと親密な関係になった占領兵たちの行動は、これまでに明らかにしてきた他の占領兵たちの行動と異なっている。つくしは占領された側の女性であり、つくしと交際する占領兵は勝者側の男性である。両者の間には、圧倒的な権力の非対称性が存在するが、つくしとつくしの交際相手のコンタクト・ゾーンには、占領地女性であるつくしに翻弄される勝者側の男性の姿が浮かび上がる。

交際相手の帰国はつくしにとって恋愛の終わりを意味していて、つくしはすぐ次の相手をみつけている。占領兵が戦勝国の軍という圧倒的な権力の中枢に所属している限り、占領兵からプロポーズされたところで、その結婚はアテにならないことをつくしは熟知しているからだ。だからこそ、占領兵の気持ちを翻弄するだけ翻弄しておいて、帰国と同時に占領兵との関係をすぐ終わらせる行動にでている。つくしのこの行動こそ、非対称な権力関係に置かれている占領地女性の精一杯の異議申し立てであり、限られた生存戦略である。

第V部

性暴力連続体での生存戦略

占領兵と占領地女性とのレイプ／売買春／恋愛／結婚は、性暴力連続体であることも多い。被虐待女性の避難所で働いていたリズ・ケリーは、被虐待女性たちにインタビューをするなかで、女性の異性愛間性行為の経験は合意かレイプではなく、圧力による選択から力による強制までの連続体上に存在することを明らかにした［ケリー 2001:96-97］。その結果、「女性自身も法律も、そして男性はなおさらレイプとは定義しない合意のない性行為を、多くの女性が経験していること」［ケリー 2001:103］を発見した。

歴史学者のアテナ・グロスマンは、一九四五年ベルリン陥落以降のドイツで占領兵のソ連兵と交際するドイツ女性について、「ときには強姦と売春、そして合意のうえの（ふつうは手段としてだったとしても）性交を分ける線の幅の細さに、自分自身でとまどっている」［グロスマン 1999:148］と指摘している。グロスマンの「とまどい」こそ、彼女たちが性暴力連続体にいることにほかならない。異性間性行為の経験を合意かレイプかといった二者択一でみてしまうことこそ、占領兵と性接触する占領地女性たちの個別具体的な経験をみえにくくしてしまう。占領兵との関係はレイプと定義しなければ「合意の関係」に読み替えられてしまい、圧倒的な非対称の関係において生き延びるためにエイジェンシーを発揮した限られた生存戦略も、「合意の関係」に回収されてしまうからだ。

占領兵専用キャバレーで働いていたカンナ（二四歳）の事例は、レイプ／売買春という性暴力連続体にあたる。一九四五年一一月、二〇歳のときにKキャバレーで働いていたカンナは、友人からキャバレーのベッドルームに連れ込まれた。友人は占領兵の客をとることは「常習」だったが、そのときのカンナは処女で、占領兵の客をとるのは初めてだった。カンナの相手の占領兵は、カンナのことを「商売人」だと思い、カンナをレイプしたあと、占領兵はカンナに五〇円を投げつけて帰ってしまった。「私は、いまでも、このようにして処女を奪われたのが口惜しくって仕方がありません」とカンナは調査員に語っている。一九四五年の銀行員の初任給は月八〇円［週刊朝日編 1995:61］だったので、この当時の五〇円は決して少額ではないが、金額の大小が問題ではない。カンナは自身のことを「商売人」ではないという認識があるが、この占領兵はカンナに金を投げつけている時点でカンナは「商売人」なのだ。すなわち占領兵の認識ではレイプではなく売買春であり、カンナは売買春ではなくレイプという認識のズレがある。この認識のズレこそが、レイプ／売買春の性暴力連続体を表している。

ただしケリーが強調しているように、性暴力連続体といっても、「様々な出来事や経験をつなぐ線的で一直線のラインと見られてはならない」［ケリー 2001:87］。

占領期の占領兵と日本女性の非対称な経験は、コンタクト・ゾーンという概念からみていくと、性暴力連続体の状況にあって彼女たちの生存戦略を見いだすことができる。性暴力連続体で彼女たちはいかにサバイバルしているのかを、第11章では同じ兵士の、第12章では異なる兵士の事例からみてみよう。

第11章　同じ兵士の性暴力連続体でのサバイバル

1．レイプ／売買春／恋愛の性暴力連続体――レイプされた相手のオンリーになったアン

勤め先のキャバレーで知り合った占領兵にだまされてレイプされたアン（本書第2章）のその後だが、アンは京都へやってきて、アンをレイプした占領兵のオンリーとなった。彼は京都のO（岡崎と思われる）の米軍施設で門衛をしている占領兵だった。アンはオンリーとなって「経済的に困ったとき」、アンをレイプした占領兵から金をもらって関係を続けていることや、「交渉しつづけている」と述べていることから、アンをレイプした占領兵は、アンの金づるになっている。

「キャバレーの帰りにホテルにつれて行こうというので、ついて行ったら、そこはどこかの旅館で、そこで無理やり貞操を奪われた」というアンの語りに注目しよう。通常、レイプした相手が圧倒的な権力を持っている占領兵だった場合、金も取らずにそのまま泣き寝入りする被害女性は多い、という解釈は成り立つ。

しかしながら、アンとアンをレイプした占領兵との関係をコンタクト・ゾーンという概念で読み解くと、アンは泣き寝入りするどころか自身をレイプした占領兵から金を要求したのみならず、その占領兵とのさらなる交渉でオンリーとなって、その占領兵から金を引き出し続けるという生存戦略をとっていることがわかる。さらに、アンが自身をレイプした占領兵のオンリーとなって交際している関係を性暴

力連続体で読み解くと、アンと占領兵のレイプ／売買春／恋愛の関係は、「合意の関係」とは言い切れない。交際している占領兵からアンがレイプされた事実は、なかったことにはできないからだ。

アンは調査員に、「私らのような only one で、病気を有っていない者と、ホーハウス〔淫売屋〕のものとを区別して、検診カードを与えてほしいと思います」と、パンパンではないということを調査員にアピールしている。このアピールは、レイプされた占領兵のオンリーとなって金を引き出し続けるアンの行動が、「レイプされたあげくパンパンになった」という社会の認識でスティグマ化されないための生存戦略である。

2. 売買春／恋愛／結婚の性暴力連続体——多様な言説戦略を駆使するたまこ

交際は続けても「私は結婚できない」と調査員に語るたまこ〔一九歳〕に注目しよう。

女学校中退のたまこは長野県出身だが女学校時代の〔スポーツの〕バレーの友人が横浜でキャバレーのダンサーになっていたので、たまこも横浜でダンサーとなった。その店でたまこは占領兵Tと知り合って交際をしていたが、Tは大阪へ転任した。たまこが病気で寝込むと、Tは大阪から服や装身具、そして四〇〇〇円をたまこに送った。Tから数十通の手紙もたまこは受け取っていることから、Tはたまこにぞっこんなのがわかる。その後、たまこはTからのプロポーズを断ったことが原因で、Tはヤケを起こして泥酔して暴れ、二か月間「ブタ箱」に入れられた。出所後Tは、あいかわらず週二回、たまこの下宿へ来て交際を続けているというのが、たまこの語りだ。

たまこはTと「結婚することは困難であるし、将来どうなることか心配である。なにか手芸を覚えて、勤めて自活したいと思っている」と調査員に語りつつも、Tとの交際を続けている。たまこはTが出所したあと、たまこ自身わりと稼いでいた横浜の店をやめて京都へ出てきた。京都でたまこは、「生活は保証されているが、Tが遭いに来る日のほかは、退屈であり、宿のおばさんの手伝いをしたり、買い物に一緒にでたり、宿の小さい子供の相手になって遊んだりしている」生活を送っている。たまこの父は終戦の年に死亡、兄も戦死している。家族構成は姉三人〔一人は結婚している〕、弟一人と母である。実家に仕送りをしている様子もない。さらに、「道を一人で歩くとパンパンだなどと呼ばれそうなので、外出するときはいつも宿のおばさんと一緒に出ることにしている」と語っていることに注目すると、たまこ自身、パンパンに見られないための配慮をしている。一方で、週二回Tが会いに来てくれる生活を「ズルズルの生活」と語っているところは、金のためにTとの交際を続けている。

たまこのことを調査員は、気に入っているようだ。というのも、調査員の附記には、たまこのことを、「性格はおっとりしている。すれっからしではない。更生への希望熱心である。健康」とあるからだ。調査員のこうした評価は、リリー（二三歳）に対する評価と一八〇度異なっている。ホーハウスでバタフライとして働くリリーは、「キャッチがないならパン助はやめません」と語り、調査員は「物凄い風貌、よくあんな顔、姿で〇〇が遊びにくるなと不思議な気がする。骨の髄までパンパンになりきっている典型的街娼」と記している。

調査員の態度から、たまこは調査員から好感を持たれる語りを積極的に提供していることがわかる。すなわちたまこは、調査員に受容可能な動機の語彙を駆使しているのである。おそらくたまこはTに対しても、Tに気に入られるような言説戦略を使っているだろう。だからこそ結婚を断っているにもかかわらず、Tから生活が保証されるほどの金品を継続的に貢がせることができるのだ。そこが、言説戦略を使わないリリーとは異なっている。リリーは、「酒や煙草はもちろん大好きですが、あの夜の仕事は楽しくてやめられません」と、一人の占領兵のオンリーになるよりは不特定多数の占領兵相手に稼ぐことに興味があり、その「楽しさ」を調査員に堂々と語っている。だからこそ、「典型的街娼」と記されたのだ。(1)たまこは「典型的な街娼」といわれることを回避しながら占領兵との交際を続けている。

たまこのTとの交際の語りは、売買春／恋愛／結婚の連続体を行きつ戻りつしているため、たまこの生存戦略は一見わかりにくい。しかしながら積極的に多様な言説戦略を使ったふるまいそのものが、たまこの生存戦略であろう。

註

（1）調査員にどう記録されようと、「キャッチがないならパン助はやめません」と、バタフライで稼ぐリリーの生き方も、生存戦略のひとつといえるかもしれない。

第12章　異なる兵士の性暴力連続体でのサバイバル

1．レイプ／売買春／結婚の性暴力連続体――レイプで勘当されたさくらこが占領兵と婚約

さくらこ（二一歳）の性暴力連続体に関与した占領兵は、いずれも異なる。

さくらこは、小学校卒業後看護養成所のあと、看護婦となる。看護婦時代、帰宅時に占領兵二人からレイプされる（第2章で詳述）。

さくらこがレイプされたのは、一九四六年三月でほとんど一九歳になる手前のことだった。小学校を卒業してすぐさくらこは看護養成所に入って看護婦になって、K・K会館に勤めた。さくらこが襲われたのは、職場からの帰りだった。

結果的にさくらこが叫び声をあげて暴れてもだれからも気づいてもらえなかったことや、「潔癖な」父親はさくらこをかばうどころか、さくらこの勤め先を勝手に辞めさせてしまった。その結果、さくらこは、占領兵からレイプされた五か月後に父親と喧嘩して家を出た。

「私はあちらこちら、○○をあさり、稼ぎました。一二月には家に帰りましたが、依然として○・○相手の商売はやめませんでした」と、戦勝国のおとこたちを相手にレイプされた自身の身体を駆使して稼ぎまくる。

家を出たさくらこは、日曜ごとに河原町三条にあるカトリック教会に通いはじめる。そしてさくらこは、

「現在一人の愛する○・○があり、国に帰省中ですが、結婚申請中」と語っている。愛する彼と出会った場所や日時は不明である。さらにさくらこは彼から、月給四〇〇〇円のウェイトレスの職を紹介してもらっている。当時の小学校教諭の初任給が二〇〇〇円であることを考えると、倍の給料の職を得たことになる。

この状況を、コンタクト・ゾーンでみていこう。まず、圧倒的な非対称の権力関係において、さくらこは占領兵の問答無用の暴力、レイプ被害者であり、レイプが原因で父親から勘当され、戻る場所がなくなった女性である。だがさくらこは、無力の犠牲者ではなかった。その後、不特定多数の占領兵を相手に稼ぎまくり、最終的には特定の占領兵からウェイトレスの職のみならず、結婚の約束をも引き出した。このようなさくらこの交渉能力の高さこそ、さくらこの生存戦略である。

2．売買春／恋愛の性暴力連続体――白い玉で流産させられた椿の反撃

最初に交際した占領兵の子どもを流産したことで、占領兵から意図的に流産したと責められ別れた椿（一九歳）は、二番目の占領兵の子どもを妊娠したとき、その占領兵がくれた白い玉を飲んで流産してしまう。勝者側の占領兵が敗者側の占領地女性と交際する場合、交際相手が妊娠した場合、椿のような扱いは珍しくないだろう。両者の間には圧倒的な非対称の権力関係があるからだ。ところが椿と占領兵との出会いの空間をコンタクト・ゾーンでみていくと、このような苦い経験を経た椿は、黙っていなかった。椿の反撃が始まる。

白い玉を飲まされて流産した椿は彼と別れ実家に帰って、京都市内でヤトナ（雇い仲居）の仕事をする。その時期に何度かキャッチされ、「ヤケクソ」になって浮気をしたと語る。その「浮気」が、四人の占領

兵との四股交際である。同時進行なので、日程を決めて兵士たちがかち合わないように、椿の下宿先に遊びに来させた。占領兵同士が椿の家の入口で鉢合わせた場合は、占領兵たちは椿をめぐって激しくケンカをするので、椿は奥へ逃げ込む。四股交際は椿にとって「浮気」と語っているため、売買春であるのか恋愛であるのかその境界があいまいである。

四股交際を経て椿はその後、大津にいる一人の占領兵と交際して、月三万円を貢がせている。月三万円は、オンリー女性ではかなり高額である。椿はこの占領兵のことをどう思っているかは語っていない。いいかえれば、ここでも椿にとってこの占領兵との関係は契約の関係か、恋愛関係かあいまいだ。

本書第11章でたまこのTとの交際の語りは、売買春／恋愛／結婚の性暴力連続体を行きつ戻りつしていると述べたが、椿にしても、売買春と恋愛の間を行きつ戻りつしている。たまこと椿の違いは、たまこはTという一人の占領兵との関係のなかで行きつ戻りつしているが、椿は複数の占領兵との間で、売買春／恋愛の性暴力連続体を行きつ戻りつしているのだ。このように複数の占領兵との売買春／恋愛の性暴力連続体を行ったり来たりしながらも、椿の生存戦略は着実にステップアップしている。四人同時並行の交際がバレても、交際相手たちから暴力を振るわれることもなく、最終的にはさらに条件の良い収入源として別の占領兵を獲得したことが、白い玉で流産させられた椿の反撃である。

3．売買春／恋愛／結婚の性暴力連続体——次々と占領兵を手玉に取るはまな

本章の最後にとりあげるはまな（一七歳）は六三名の占領地女性のなかで最年少にあたる女性であり、占領兵と占領地女性との圧倒的な非対称の権力関係があるなかで、はまなほど、コンタクト・ゾーンを象徴し交渉力を駆使して生存戦略を最大限に活用した女性はいない。

はまなの占領兵の遍歴を時系列で追っていくと、一九四五年末に知り合った占領兵からはまなの養母の目の前でプロポーズされたのを皮切りに、その後すぐ占領兵専用ホーハウスで一年間、パンパンとして働く。それから少し間があいて一九四八年三月頃から占領兵のオンリーになっている。これから詳しくみていくように、はまなはこれまでみてきた女性の事例では説明がつかない、例外事例でもある。

⑴占領兵から強引にプロポーズされてもフェードアウト

はまなは四歳のころ、父親の友人の養女となった。父の友人は京都市東山に住んでいて、塀がはりめぐらされた家で生活は豊かだ。実父は別の町で官吏をしていて、実父の生活も楽だ。はまなが女学校を中退したのは、厳格な養母が原因だった。

はまなが占領兵からプロポーズされたのは、一九四五年の年末だ。きっかけは、四条大橋を歩いていたとき、パンパンの女性のひとりがはまなに近づいてきて、「あなたはパンパンをしているの？」と尋ねたことだ。

はまなは、「パンパンではない」と答えると、はまなに声をかけた女性は、はまなに占領兵を紹介した。その占領兵は、はまなを貸席に連れていって関係した。このあとどれくらいの期間、はまなはこの占領兵と交際していたかは不明だが、ホーハウスで働きだすのが翌月の正月なので、交際期間は数日というところだろう。はまなはこの占領兵に「自分の本当の家」を教えると、白川の交番の巡査に案内されてその占領兵は、はまなの家へやってきた。この時点で、はまなは占領兵と交際していたとき、住んでいる場所を適当に言っていたことがうかがえる。おそらく、氏名も偽名を使っていただろう。

交番の巡査とともにやってきたその占領兵は、はまなにプロポーズした。養母の目の前で、岡山にいる母親に許しを得るので結婚してくれと言ったのだ。

岡山への進駐は、一九四五年一〇月一二日に米軍先遣隊が入ったことに始まり、翌月に約五千人が進駐している〔砂本、大場、玉田、角、長田、村上 2016:713〕。占領軍扶養家族の入国を陸軍省が許可したのは一九四六年二月なので〔安藤・笹本 1996:33〕、この占領兵の母親は入国許可以前に岡山にいたということになる。兵卒クラスの占領兵はキャンプで生活するため、母親を本国から呼び寄せることはない。巡査に案内されてはまなの家にやってきたことからも、はまなにプロポーズした占領兵は将校クラスの兵士と考えられる。結婚の申し込みにはまなの養父母の家へやってきたのは、はまなの気づかないところではまなのことをいろいろと調べた結果であり、自身の妻にふさわしいと判断したのだろう。

養母は、はまなが占領兵と交際していることにとても驚いた。占領兵が帰った後、養母ははまなに「お前の帰りがいつもおそいと思ったら、〇〇とあそんでいたのか、お前は家の名を汚す」と怒り、「お前は仕方のない娘になってしまった。もしお前がこの家にいるつもりなら、もう〇〇との交際はやめなさい」と泣きながらはまなに言った。はまなにプロポーズした占領兵は巡査に案内されるほどの階級であっても養母にとって占領兵は、敵国の男性なのだ。はまなの養母の反応は、占領兵との結婚を両親に認めさせたふじ(本書第9章)とは逆の反応だ。ふじの実家も富裕層であるが、はまなの養母はふじの両親と異なって、占領兵との結婚を許さなかった。

はまなは反対された当初、養母に「私は〇〇の人と結婚する」と言っていたが、この占領兵との交際はフェードアウトで終わらせているところから、はまなのほうでも、この占領兵との結婚をする気はなかった。というのも、はまなの養母は厳格すぎるため、「もう家にいる気はしなかったのです」と語っているからだ。

占領兵と交際はしても結婚する気はないはまなの行動は、二〇世紀初頭の世紀転換期の米国に登場したチャリティ・ガールを想起させる。チャリティ・ガールに詳しい後藤千織によると、米国のチャリティ・ガールの特徴は、年齢は一〇代半ばから二〇代半ばの有職女性（デパート店員、工場労働者、家事手伝い、ウェイトレス、速記タイピスト、電話オペレーター等）で、「余暇の時間は大胆な服装や化粧をして、親の監視を離れて一人あるいはペアで行動し、ダンスホール・劇場・レストラン・バー・アイスクリーム屋・公園・遊園地・遊覧船といった商業化した娯楽施設に集う。これらの娯楽施設で、チャリティ・ガールは男性たちと親しげに交流する」［後藤 2017:50-51］。彼女たちにはルールがあり、「男性が娯楽施設での「楽しい時間」や見返りは、狭義の性行為とは限らず、性的な魅力を振りまくことも含まれた。チャリティ・ガールが最も強調したのは、金銭は受けとらないというルールだった」［後藤 2017:52］。すなわち、彼女たちは金銭的な見返りを求めない存在であった。後藤は彼女たちのことを、「チャリティ・ガールが性的魅力を振りまきながら求めたのは金銭ではなく、いま・ここの「楽しい時間」であり、必ずしも絶対的貧困から「性的不道徳」に陥ったわけではなかった」［後藤 2017:56］と分析しているが、富裕層出身で養母の厳格さが原因で女学校を中退したはまなにもあてはまる。はまなは戦時中、学徒動員で工場へ通っていた時、同じく動員されている中学生と電車の中で話をしたことが養母に知られた。そのときのことをはまなは、「私はヒドク叱られ、叩かれました」と語っている。そしてそれがきっかけで、はまなは女学校を中退して家を出るに至った。はまなにとって占領兵との交際は、厳格な養母を忘れさせてくれるひとときであって、金銭の見返りを求めていないところがチャリティ・ガールと似ている。

すなわち、はまなは占領兵と結婚する気はなく、あくまでも厳格な養母から逃れるための手段であるからこそ、占領兵との交際もフェードアウトにしてしまったのだ。占領兵との交際は、厳格な養母から逃れるための手段にしているところが、はまなの生存戦略といえよう。

(2) 客の占領兵たちからいろいろもらう

占領兵との交際をフェードアウトさせたはまなは、次にホーハウスで客をとった。

そこ〔ホーハウス〕には、パンパンが七人か八人おりました。二階建の家ですが、そこでは、ワン・タイムが、そのころ三〇〇円から四〇〇円で、オール・ナイトは二千円ほどでした。そのほか、親しくなれば、靴や靴下や下衣やその他いろいろの品物をもらいましたし、お菓子や食べものももらいました。〇〇と関係することは、多いときは一昼夜四人ほどでした。私は、いままでに、約五〇〇人ほどの〇〇を相手にしました。若いためか疲れません。身体が小さいので、〇〇たちは、私をSH××さん〔おちびさん〕と呼んでいます。身体が小さいので、〇〇は同情してくれましたし、時には私にお金だけおいて行ってくれるひともありました。年はいくつかときくから、一六才〔数え年─筆者補足〕だというと、ほんとうは、八つか九つか、ときき返すほどでした。

民家をホーハウスにしていた場所ではまなは、買春する占領兵を知るヒントになる重要な発言を行なっている。占領兵たちは、なじみの女性には料金とは別に、「いろいろの品物」を与えているのだ。はまなが働いていたホーハウスは、四条河原町にあったことや客の占領兵たちは、買春料金のほかに、「いろいろの品物」を渡していることから、将校クラスの占領兵が集うホーハウスであろう。規定料金以外に、「いろいろの品物」を親しくなった女性に渡すことができるのは、その占領兵が金にある程度余裕のある将校クラスの兵士なら可能だ。彼らにとって「お菓子や食べもの」はもちろんのこと、「靴や靴下や下衣」を女性に与えるのは簡単なことだ。さらにはまなの「身体が小さいので、○○は同情してくれましたし、時には私にお金だけおいて行ってくれるひともありました」という語りに注目すると、はまなが働いたハウスにやってくる占領兵は、「良心的」で、育ちのよさそうな客が多そうだ。

ここで、はまなの語りと対照的な和香（年齢不明）の語りをみてみよう。和香は、女学校二年のとき病欠のため落第して二年実務女学校に転校し、卒業前後に兄の友人からレイプされた過去を持つ。父親はK電気の社員で請負師であることと和香が女学校へ通っていることから、実家はある程度裕福である。和香はビヤホールに勤めている時、キャッチされて病院へ送られ、その病院で、ある女性となじみになったが、その女性から時計と靴を盗まれたため、それらを取り返すために、和香はホーハウスに飛び込んで約二か月間、家出したかたちで占領兵たちと関係した。その結果、「ホーハウスにいた二か月でお金がもうかるどころか九千円もの借金ができてこりごりした」と語っている。

一方はまなはむしろ、ハウスで働いていることを楽しんでいるようなニュアンスを受ける。さらに、はまなの場合、このハウスで働いていた時期は実年齢で一四歳～一五歳だ。外見は一〇歳以下にしかみえないはまなの場合、はまなを買う占領兵たちの中には、おそらく本国にはまなと同年齢の娘がいる兵士もいたかもしれない。将校クラスの兵士には、本国に妻子のいる将校もいるからだ。本国に妻子のいる将校すべてが、占領地で恋人を作っていたとはいいがたい。本国に妻子がいるからこそ、ホーハウスを利用していた将校もいただろう。

見逃してならないのは、ホーハウスで借金を負わされても、はまながポジティブに語っているのは、はまなの実家が裕福なことも大きく影響している。実家が裕福であるために、はまなの語りからは金の心配をしている語りがないし、だからこそ楽しんでホーハウスで働いているようにみえるのだ。また、「パンパンをしている友人」の紹介で、はまながハウスにやってきたということに注目すると、はまなの友人ははまなと同じ出身階層である可能性が高い。だからこそ、はまなのいるハウスは、チップをはずんでくれる将校クラスの兵士が集うハウスで、そのこともはまなが働きやすいという原因のひとつだといえよう。

(3)占領兵と二股交際

ここでは、はまなのオンリーである部分に焦点をあてよう。

はまながオンリーになったきっかけは、一九四八年三月頃MPのキャッチ（検挙）がひどくなったことが原因だ。たびたびのキャッチで困っていたとき、宿のひとの紹介で西舞鶴に行ってそこの酌婦屋に四、五日いて無断で宿をでて、東舞鶴のダンスホールで占領兵Mと知り合った。翌月の四月にMの家に下宿することになった。Mと同棲し始めたのだ。

東舞鶴でMのオンリーとなって月四万円で生活を保証されていたはまなは、Mの一五日間の休暇で一足さきに京都へ出てきた。おそらく休暇をMとともに京都で過ごそうと思ったのだろう。はまなはMより一週間ほど早く京都へやってきて、ダンスホールで遊んでいたところ、Mの同僚である別の占領兵と親密な関係になって、そのまま交際した。ここで重要なポイントは、はまなはダンサーという立場でMの同僚からオンリーになってほしいといわれたのではなく、客の立場で遊んでいる時に言われたことだ。東舞鶴のダンスホールでMと知り合ったとき、はまなはダンスホールで遊ぶだけの金を持っていたからこそ、月四万円を出してくれるMと交際することができたと考えられる。月四万円も出せる占領兵は、兵卒ではないことはたしかだ。はまなの場合、養母はとても厳格だったというところからも、幼少期からしつけはきちんとされていたはずだ。Mは、占領地でいろんな女性をみているうちに、はまなのふるまいに出身階層の高さを感じたのかもしれない。もともと出身階層が高いことに加え、ハウスで稼いだ金もあるはまなのふるまいに、金だけが目当てというものを感じなかったのかもしれない。だからこそMは、はまなとの交際を望んだのではないか。Mの同僚にしても、はまなとMとの関係を承知のうえで、はまなと交際しているのは、はまなの経済的に自由な側面に惹かれ、あわよくばMからはまなを奪いたいという意図もあるのかもしれない。結局、Mは、はまなに二股をかけられたことになる。

はまなの事例から、圧倒的な占領兵と占領地女性との間の非対称の権力関係がある中で、占領兵や将校を次々に翻弄する十七歳の日本女性がいたことは、注目に値する。

第VI部

占領兵との婚姻と混血児をめぐって

第13章　占領兵との婚姻をめぐって

占領兵は、敗戦の占領地女性だけでなく子どもや男性にとっても魅了される存在でもあった。このことを押さえた上で、本章は占領兵との婚姻をめぐって、占領地女性との関係性とその結果としての子どもについて、占領地のフランスとの比較を試みながら、考えてみよう。

1．魅力的な占領兵

(1)よく笑う金髪のアンちゃん――元ロカビリー歌手小坂一也がみた占領兵

『メイド・イン・オキュパイド・ジャパン』〔河出書房 1990〕という本がある。ロカビリー歌手として一世を風靡した後、俳優としても活躍した小坂一也が、占領期の思い出をまとめた本だ。この本の中で一九三五年生まれの小坂が、小学四年生のときに見たアメリカ兵のことを次のように綴っている。戦後間もない頃の話だ。

人の群がっているのが目に入った。五十人以上もいる。大勢のわりには皆おとなしく、でも何か楽しそうに石塀を見上げているのだ。

「あれ！　なんかあったのかな？」

近寄って見たその光景を、四十年以上たった今でも、私ははっきり思い出すことができる。

ひなたぼっこしているように、こちらを向いてアメリカ兵が十人余り、石塀の上にずらりと腰掛けていた。戦闘服だろうか、大きなポケットがいくつもついたグリーンのジャンパーを着て、同色のキャップをかぶっている者いない者、頑丈そうな軍靴をはいた足をぶらぶらさせて、互いに喋り合いながら、ときどき眼下の日本人の群れを見おろして何か言う、大笑いしているのもいる。

小学生の私には、初めて動物園で猛獣の檻の前に立ったような気分だったが、思いきって観衆の中にまじってみた。

アメリカ兵たちは、思ったより大人という感じがしなかった。アンちゃんと呼ぶのがふさわしいほどだ。青空をバックに金髪が光っている。よく動く青い目、白い頬（いやピンクの頬）、下から見ているせいか、鼻の高いのがよけいに目立つ。飛び交う言葉の意味はむろん分かりはしないけれど、声は晴れやかで大きいし、とにかくよく笑う。［小坂 1990:10］

小学生の小坂が「思ったより大人という感じがしなかった」という印象を持つほど、彼らは若い兵士だった。当時小坂は、父親の生家の名古屋に母親と小坂、妹と弟の四人で疎開していた。父親は仕事で東京に残っていた。

石塀に群がっていた日本人たちは、占領兵たちが基地から持ち出してくる食料品（主にチョコレート、チューインガム、煙草等）が目当てで集まっていた。いわゆる、物資の横流しである。そのときの情景を小坂は、「塀の上のアメリカ兵たちは、注文に応じてあちこちのポケットから手品師のように品物をとり出し、嬉々として値段の交渉をしている。そこには、ついきのうまで、敵同士だったアメリカと日本、勝者と敗者との間に当然あるべきある種のこだわりがまったくない。何ともフランクに、むしろ対等とも思える様子でやり合っている、つい見物しているこっちもニコニコしてしまうほどだ」[小坂 1990:11]と記憶している。石垣を境に、上にいる勝者側の占領兵と下にいる敗者側の日本人が互いにニコニコしながら交渉している様子は、まさに「石塀」が占領者と被占領者の交渉を可能にするコンタクト・ゾーンの役割を果たしていたのである。

このやりとりを目撃した小坂は、それ以来毎日、石塀に並んだ兵士たちを見学しに通った。小坂はこの交渉が面白くてたまらなかったが、後ろめたい気持ちもあって、思い切って母親に交渉のことを話したら、母親はとっくの昔に知っていた。小坂がダメモトで、「ね、うちでも何か買ってみない?」と母親に言うと、母親から妹たちの分までチョコレートの代金を渡された。小坂はすぐ石塀にいって、塀の上の占領兵からチョコレートを買うべく、値段交渉に臨んだ。


「ハロー」

「ハブユーチョコレート」

「ハウマッチ!」

で……ことは簡単だった、拍子抜けするほどに。

両の掌にズッシリと、三個の〝ミルキーウエイ〟はまるで金の延べ棒のようだ。そして、アメリカ兵たちは小四の私を、英会話なんて初めての子供を、常連のおじさんたちとおんなじように扱ってくれて……私は有頂天だった。[小坂 1990:14]

占領/被占領という圧倒的な権力非対称性がある占領地日本で、小学四年生の小坂は若い占領兵たちと「常連のおじさんたち」同様、対等に交渉していた。そんな小坂の目に映った占領兵は、「よく笑う金髪のアンちゃん」だった[1]。「よく笑う金髪のアンちゃん」の「魅力」は小坂や「常連のおじさんたち」に限らず、占領地女性の中にもあっただろう。

ここで、小坂の母親に注目してみよう。小坂の母親は、小坂が「連日そこへ見物に行っていることも、そこで買える品物、値段、そのほか何日もかかって私がようやっと呑みこんだ事柄のほとんど」［小坂 1990:12］を、すでに知っていた。母親が知ったのも、「近所のおばさんたちからさんざん聞かされていた」［小坂 1990:12］からだった。占領期当時の食糧事情は悪く、「都会では田舎に買出しに行かなければ芋でさえ手に入れにくいし、やっと買えたとしても、運が悪ければ帰りに警察の一斉取締りにあってあえなく没収されてしまう」［小坂 1990:17］状態だった。そんな状況で、占領兵たちが持ってくる石鹸や食糧といった物資は、小坂や「常連のおじさんたち」だけでなく、じつは小坂の母親や「近所のおばさんたち」占領地女性にとっても、とても関心の高いものだった。ここで、小坂、小坂の母親、そして占領兵の関係について注目してみよう。

占領期の日本社会をコンタクト・ゾーンと位置づけ、「パンパン」たちをめぐる、日本の知識人、運動家、子どもたちに焦点をあてた研究を行なった文化人類学者の田中雅一は、「支配する側とされる側のあいだには無数の中間者や媒介者たちの実践が存在すると考えるべきではないだろうか」と、コンタクト・ゾーンには、「中間者」への視点が必要であることを指摘している[2]［田中 2011b:164,182］。まさしく占領兵と直接交渉をする小坂は、占領兵と直接交渉しない小坂の母親と占領兵を結ぶ「中間者」としての役割を果たしている。もしかすると、「常連のおじさんたち」も、妻や母の「中間者」として占領兵からの物資調達を行なっているかもしれない。

このように考えていくと、占領者と直接コンタクトをとらない被占領地女性たちは、「中間者」を介して占領者である「よく笑う金髪のアンちゃん」と交渉を行なっていたといえよう。「よく笑う金髪のアンちゃん」は、占領者と直接コンタクトをとらない占領地女性にとっても、異国の文化を携えた「魅力的な」青年であった。と同時に、富と権力、それに加えて暴力を象徴する占領者でもあった。

(2) MPたちはこぞってお洒落——MPの通訳警官がみた占領兵

敗戦を経験した日本人男性の占領兵をみるまなざしはそれぞれ多様で、眺めている光景が異なっていることを、拙著『パンパンとは誰なのか』で指摘した〔茶園 2014:81〕。とりわけ、教育評論家神崎清や本書でとりあげている『街娼』を刊行した京都社会福祉研究所所員たちの語りには出てこない語りを、本書「はじめに」で登場したMPライダー原田弘は語っている。神崎や京都社会研究所所員たちは占領兵へ批判的なまなざしを向けるのに対し〔茶園 2014〕、原田は占領兵のおしゃれな部分、そして日本軍兵士と違って上官が階級の下の兵士を尊重する気風に驚嘆した。

占領兵と一緒に仕事をしていた原田は、次のように述べている。


MPたちはこぞってお洒落だった。背は高いし、軍服もピシッときまっている。とくに靴がピカピカなのである。彼らに靴磨きのやり方を教えてもらった。靴クリームを塗ったあとに水を、水のないときは唾をぷっと吹きかけ、布切れでこするのである。こうすると靴はピカピカに黒光りするのであった。唾を吹きかけるなどというのは見たこともなかったので、われわれ警察官はお互いに

顔を見合わせて「すげえことやるなー」と驚いたものである。［原田 2011:49］

占領兵の「かっこよさ」は、戦後六〇年経てもなお鮮明な記憶として原田の脳裏に焼き付いている。また、敗者である日本人からの揶揄に、勝者である占領兵は余裕をもって応じている様子を、原田は次のように記憶している。

時にデモ隊から「ヤンキー・ゴー・ホーム！」と声がかかる。するとMPの方でも茶目っ気のある者は「オー、イエース。ユア、ライト。アイ・ウォント・ゴー・ホーム、トゥー（君の言う通り、俺も帰りたいんだ）」などと笑って言っているのを聞く。こちらも笑ってしまった。

こんなふうに軽快であるから、MPがガムをかみながら憲兵司令部に無線で通報しているようすは緊迫感もなく、平和な風景にすら見えた。［原田 2011:49-52］

「ヤンキー」という侮蔑的な言葉を、ユーモアで返答する占領兵の姿が目に浮かぶ。余裕のある勝者ならではのエピソードだ。

原田は、「彼ら〔占領兵〕は皆、自分の職業にたいして誇りを持ち、堂々とした態度だった。日本人は職業を聞かれて、胸を張って農夫だとか、工員、運転手、あるいはきこりだなどと答えるだろうか。口では職業に貴賤はないなどと言いながら、実際には一瞬躊躇するはずだ。MPたちの多くは「国で何をしていた？」と聞かれると、誇りをもって答え、兵役が終わったらまた元の職場で働くのだと楽しげに話していた」［原田 1994:95］。原田のこの語りは、占領期の日本では権力者の位置にいたMPたちの中には、本国ではエリートではない位置にいた者もいるということを示している。彼らの存在は、本書の「結婚の生存戦略」の冒頭部分で述べたように、出身階層の高いゆりと結婚の約束をしている占領兵が、本国では「自動車運転手」だと言っていたことを想起させる。

さらに原田は、日本軍と比較して占領軍の兵士と上官の関係が親密で、勤務時間以外になると、将校と兵士が親しく話し合ったり、散歩などをしたりする光景をよく目にした。その光景は、「下士官が兵士を殴ったり、蹴ったりするのが日常茶飯事だった旧軍〔日本軍〕とは大違いだった」〔原田 1994:126〕と語っている。

原田と同じような内容を、父親の軍隊のことを作文に綴った小学五年生がいた。

自分のくつのそうじのしかたがたわるいとか、えらい兵隊さんにけいれいをしそこなったり、ちょっとやりそこなったりすると、顔がまっかにはれあがるほどなぐられて、おまけにへいしゃのまわりを走らせられたりする。〔中略〕そんなことを、何回もやらされて、気のよわい兵隊さんは、自分で死んでしまうそうです。

僕のお父さんも、日射病にかかって死にかかったことがあるとかで、そのとき、班長さんが、ほっぺたを、たくさんなぐったそうです。きっといたかったのでしょう。

こんな話を聞いていると、日本の軍隊はずいぶんひどいことをしたんだろうと思います。それと同時にアメリカの兵隊さんのことを思い出しました。それは伊勢佐木町などを歩いていると、アメリカの兵隊さんたちがたくさん通っているけれど、けいれいをしている兵隊さんは、めったに見かけません〔中略〕ぼくは、もとの日本の軍隊は、どうしてあんなざんこくなことをしたのだろう。それにくらべて、アメリカの軍隊はどうして、あんなに自由なのかとおもうこともあります。[3]〔清水・宮原・上田編 1953:100-101〕

この小学生は、友人と表の通りで遊んでいたときに通りがかりの米兵に、友人と一緒に「ハロー」と挨拶すると、米兵が彼らにガムをくれたので、「いい兵隊さんだなあ、いつもここを通ればいいんだけどなあ」と思った。おそらくこの出来事を、家に帰って家族に話したのだろう。そこで父親が、自身の軍隊時代のことを話したと思われる。

原田は、「モノを惜しみ、人間を粗末にして戦争に勝てるわけがない。私は物資力、科学力以上に、人的関係でも日本はアメリカに負けていたと、つくづく思った」〔原田 1994:126〕と述べる。勝者である「お洒落」な占領軍のMPたちと一緒に仕事をするようになって、原田は自国の軍隊のあり方を客観視できたのだろう。自身が従軍した軍隊を批判的に息子に語った父親にしても、戦勝国の兵士たちのふるまいを日常の中で目にしていたからこそ、自国の軍隊を相対化できたのではないか。

2. 占領兵とのロマンスを公に語ることができる女性／できない女性

⑴占領兵とのロマンスを公に語ることができる女性――結婚に至った女性

元沖縄タイムスの記者で、沖縄に駐留していた米軍人・軍属と結婚して渡米した女性たちの聞き取り調査を行なった澤岻悦子は、「彼〔米兵〕のどんなところに惹かれたのですか」という質問に対し、インタビューに応じた多くの女性に共通していることとして、「米兵たちの女性に対する優しさ、清潔感、親切さ、そして率直さ」〔澤岻 2000:45〕を挙げている。

・車に乗る時、外に出ようとする時にドアを開けてくれる、重い荷物を持ってくれる、イスに座ろうとするとイスをひいてくれる。最初の対面の時から、女性に対するマナーの良さは女性たちを驚かせ、感動させた。

・ぼんやり私が考えこんでいると「何か心配ごとがあるの」と心配してくれる。

・私を愛しているということをいつも見せてくれる。それがうれしかった。

・〔バスガイドとして働いているとき〕バスの中で乗車券を売る時彼に近づくと、彼は石鹸のにおいがした。あのころ〔戦後初期〕はほとんど家にお風呂がなかったから、週に何回か銭湯に行ったし、石鹸なんてほとんど手に入らなかった。雨の日などバスの窓が締め切られたままだと、車内は体臭で息切れがするほどだった。〔澤岻 2000:45-46〕

最後の引用事例は、バスガイドとして働いている時に、夫である米兵と知り合った事例である。この場合、二人のコンタクト・ゾーンはバスの中と言えるであろう。そして二人がロマンスを育むきっかけとなったのも、バスガイドとして働く女性にバス会社の社員という社会的資源があったからである。田村も、オーストラリア兵に魅了され結婚して渡豪した日本女性の夫への出会いの印象を二例紹介している。

・徳島で勤務先の新聞社の支局を訪れたオーストラリア兵と知り合い、交際の後、同棲し二人の子供が生まれた後、ようやく結婚することになったある女性は、知り合った当時、彼が話す片言の日本語がとってもかわいく聞こえ、親近感を持ったと言う。

・友人の紹介で夫となるオーストラリア兵と呉で知り合った別の女性は、スポーツ万能の運動神経を持ち、金髪で透き通るような水色の眼をした彼が魅力的だったと語った。〔田村 2002:152〕

前者は、徳島県の新聞社で夫と出会い、後者は、友人の紹介で夫と出会っている。前者の女性は新聞社勤務という社会的資源を有し、後者の女性は白人兵を紹介してくれた友人という社会関係を有していたことがわかる。

田村は、「進駐軍〔占領軍〕の兵士は背が高く、底抜けに明るく、スマートに軍服を着こなして、女性にやさしく見えた。そのような男性に交際してほしいと懇願されると、若い女性なら自然に心を動かされたであろう」〔田村 2002:152〕と、分析している。このような占領兵のマナーやルックスの良さという印象は、舞鶴市の中学一年生の作文にもみられる。「お母ちゃん、スイヘーさんて、スラーとした紳士ばっかりやなあ」〔清水／宮原／上田編 1953:306〕。彼女は母親とふたりで町に出かけた夜の帰り道で、よく来る児童公園のシーソーに「いかにもたのしそうに乗っている」五～六人の水兵たちを見たことを作文に綴った。中一の彼女の眼に映った、公園のシーソーに楽しそうに乗っている外国兵は「スラーとした紳士」であったことから、水兵たちは「スマートに軍服を着こなした」兵士でもあったのだ。

澤岻や田村が調査結果から導き出した、占領兵と結婚した女性たちが語る、出会った当時の占領兵の印象は、先に挙げたMPライダーの原田が大衆デモのエピソードで語った占領兵の、「底抜けに明るい」という部分と共通する。また、原田の占領兵に対して抱く「背は高いし、軍服もピシッときまっている」印象も、田村が実施した占領兵と結婚した女性たちへの調査結果と呼応する。

占領兵に魅了された占領地女性について澤岻は、「男性が女性を敬い、親切にすることが、まるで恥でもあったかのような当時の沖縄で、米兵のこういった優しさや親切、清潔さが女性たちの目に新鮮に映ったのは間違いない」［澤岻 2000:46］と述べる。

この「男性が女性を敬い、親切にすることが、まるで恥」という考え方は、（古参兵のいじめを含む）日本の軍隊の「序列」という上下関係にも見出される。占領軍も日本軍も、軍隊における上官とその部下という圧倒的な権力非対称性は共通している。しかしながら日本軍の場合、権力のある者が権力のない者に敬意を以って遇すること自体、「恥」という考え方があったのではないだろうか。だからこそ原田が述べるように、日本の軍隊は「下士官が兵士を殴ったり、蹴ったりするのが日常茶飯事」［原田 1994:126］だったのだ。そしてこの考え方は、日本の男女間のジェンダー規範ではさらに強化される。ところが日本人男性を負かした戦勝国の男性が、敗戦国の女性であるにもかかわらず敬意を払ってくれる男性として、日本の女性たちの前に現れた。しかも彼らは、圧倒的な「富と権力」を持っていた。だが一方で彼らは、本書でみてきたように、武装している占領兵であり、状況によっては性暴力の加害者に豹変することを忘れてはならない。

占領兵と親密な関係になった日本女性のなかで、後年になって澤岻や田村に自らの占領兵とのロマンスを語った女性たちに共通する点は、全員が占領兵と正式に婚姻した女性であるということだ。彼女たちは、占領地で夫である占領兵との出会いからロマンスを経て結婚に至った過程を、公に語ることができる女性たちである。

では、交際相手の占領兵と結婚に至らなかった場合はどうなのか。

(2)占領兵とのロマンスを公に語ることができない女性——結婚に至らなかった女性

本書でとりあげた『街娼』の女性たちの中で、調査員に占領兵とのロマンスを語っている女性が圧倒的に多かったことは、すでに本書を通して述べたとおりである。

前節で言及したように澤舐は、彼（米兵）に惹かれた理由について米兵妻たちの共通点として、「女性に対する優しさ、清潔感、親切さ、そして率直さ」を見出した。この共通点は、京都社会福祉研究所所員たちによって「街娼」に分類された女性たち自身の語りにも見られる。

『街娼』の女性たちで、交際相手の占領兵のことを語っている三名の女性たちの語りに注目しよう。

たまこ（一九歳）は、腹痛で寝たり、腫物で病んだりしたとき、横浜から大阪へ異動になった交際相手から、洋服やその他装身用品、金を四千円ほど送られたり、数十通の手紙をくれたりした。

菜乃花（二一歳）は性病で入院中、交際相手はチョコレート、煙草、パンやバターを持ってきてくれ、食事も運んでくれた。「うれしくてその時わ、なんともわすれてわおりません。毎日毎日めんかいにきてくれました」。

茉莉花（二一歳）も性病で入院しているときに、交際相手からしばしば恋文とともに、菓子、果物等が下宿のおばさんを通して届けられた。

彼女たちに共通する点は、病で弱っていたときに、交際相手の占領兵は間髪入れず、気の利いた行動をとっていたことにある。彼女に会いに来られないときは、手紙とともに彼女の気に入りそうなプレゼントを送っていたことや、病院に面会に行ける場合は、毎日病室に顔を出して彼女の食事を運んでいた。

元気のないときに、このように優しくされると誰でも心を動かされるだろう。占領兵と結婚した女性も結婚に至らなかった女性も、占領兵とのロマンスの思い出に大差はない。

だが、占領兵と結婚した女性と、結婚に至らなかった女性との間に、圧倒的に大きな違いがある。それは、占領兵とのロマンスを自由に語ることができるか否かである。婚姻に至った日本人妻は、夫〔占領兵〕とのロマンスをいつでも公に語ることができるのに対し、婚姻に至らなかった女性のロマンスは、たとえ恋愛中は自由に語ることができたとしても、別れてしまうと時がたつにつれて公に語ることができなくなってしまうのだ。というのも、占領兵との親密な関係が婚姻に至らなかった場合、社会から「パンパン」というスティグマを負わされるからである。

拙著『パンパンとは誰なのか』で、恋文横丁について作家秋尾沙戸子の『ワシントンハイツ　GHQが東京に刻んだ戦後』〔秋尾 2011〕に基づいて触れたが〔茶園 2014:19-20〕、本章では一九五七年一一月二三日付『読売新聞』の記事に基づいて、もう一度恋文横丁について考えてみよう。

この地で古着屋を営んでいた元参謀本部付陸軍中佐が一九四八年頃、「GI相手の女性に横文字を読んでやったのが始まり」だった。

ウワサをきいた女性たちが〝ラブレター〟の翻訳をあとからあとから頼みにくるので、とうとう「英仏手紙の店」を開いた。約十年、いまだにこの商売は続いている。ひところの盛況はないが、毎日二、三人のお客は絶えない。便せん一枚当たり百五十円ナリだが、ものが物だけに〝恋愛相談〟〝結婚相談〟にまで発展、一本の手紙に半日つぶれることもめずらしくない。結婚手続き、ベビーの誕生祝い、商取引の文面もなかなか多い。

一九五六年のあんぱんやジャムパンが一つ一二円〔週刊朝日編 1995:16〕なので、現在はその一〇倍であることから考えると、「便せん一枚当たり百五十円」は、現在の通貨価値だと一五〇〇円ぐらいだろう。一五〇〇円で占領兵と交渉することができるこの店は、まさに占領期は占領兵と占領地女性が交渉を行なうコンタクト・ゾーンであった。代筆をする古着屋の主人が、元日本軍将校だったのも興味深い。かつては敵であった米兵への恋文の代筆を頼む同胞の女性を目の前にしながら、古着屋の主人は何を思っていたのだろう。

秋尾の『ワシントンハイツ』には、渋谷区発行の冊子『渋谷のいま』に掲載されている古着屋の主人インタビューが引用されているが〔秋尾 2011:273-274〕、先ほど引用した『読売新聞』の記事と重ね合わせて考えてみよう。古着屋の主人のインタビューは次の通りである。

> 恋文の代筆をするときはまず彼女たちに最初に目的をはっきりいわせます。金か、結婚か、恋愛を楽しみたいのか？　それによって文案を練り、作戦を授けてやるのです。昭和四十年頃には結婚を望む女性がほとんどになりました。彼女たちはみな、真面目で真剣だったので、多くの人が幸せな結婚をすることができました。〔秋尾 2011:273〕

「昭和四十年頃には結婚を望む女性がほとんど」という語りに注目するなら、それ以前の占領期の「恋文」の内容は、「金、結婚、恋愛」の三種類に分かれていたことになる。しかしながら本書で見てきたとおり、占領兵と占領地女性のレイプ／売買春／恋愛／結婚は、その線引きが難しい。その事例として本書第11

章に登場したアンは、レイプされた占領兵のオンリーとなった。古着屋の主人にラブレターの代筆を頼んだ女性たちの中にもアンのように、レイプした占領兵と交際している女性もいたかもしれない。

古着屋の主人がどういう経緯で「GI相手の女性」に「横文字を読んでやった」のかは不明だが、少なくともその女性は元日本人将校だった男性に、かつては敵国の兵士であった占領兵からの「恋文」を読ませたことになる。これがこの女性の生存戦略といえよう。さらにこの噂をきいた他の女性たちも、古着屋の主人に占領兵からの「恋文」を読ませ、あげくには代筆専門店を開かせるような生存戦略を行なっていたことは、注目に値する。「恋文」の代筆を依頼した女性たちは、元日本軍将校だった男性に「恋文」を書かせることで、帰国命令等で日本を去った占領兵たちと交渉し続けていた。これが彼女たちの生存戦略である。このとき古着屋の主人は、「中間者」の役割を果たしている。彼女たちのように、日本を去った占領兵と交渉し続けるためのコンタクト・ゾーンとしての「恋文横丁」は、渋谷のみならずどこにでもあったであろう。

表①　年次・性・年齢別人口

	1935年%		1947年%		1950年%		1955年%	
年齢別	女	男	女	男	女	男	女	男
20 ～ 24	8.8	8.7	9.3	8.8	9.2	9.4	9.3	9.6
25 ～ 29	7.4	7.7	7.7	6.3	7.9	6.9	8.4	8.6
30 ～ 34	6.5	6.9	6.9	6.2	6.7	5.8	7.3	6.4
35 ～ 39	5.7	6.0	6.4	6.1	6.3	5.8	6.2	5.3
40 ～ 44	4.7	5.1	5.2	5.5	5.4	5.4	5.8	5.3

人口動態調査　平成21年人口動態統計　確定数　上巻　婚姻年次・性・年齢別人口の表に基づき著者作成
＊掲載の数値は四捨五入している。

このような状況に加えて人口学的な事情も加味されて、占領兵とのロマンスを経験した女性はかなりいたと思われる。人口学的な事情というのは、適齢期の男性が戦死したために適齢期の娘たちの「配偶者候補者」が制限されたという事情である。それは、表①の数値に表れている。

厚生労働省の平成二一年人口動態統計の年次別平均婚姻年齢及び夫妻の年齢差によると、一九四七年～一九四九年の初婚妻の平均年齢は約二三歳、初婚夫の平均年齢は約二六歳となっている。この年齢を念頭に置きながら表①の同資料の年次・性・年齢別人口をみよう。本書にかかわる一九四七年の初婚妻平均年齢を含む二〇歳～二四歳の女性の人口は九・三％で一九三五年より〇・五％増えているのに対し、初婚夫平均年齢を含む二五歳～二九歳の男性の人口は一・四％減っている。一九三五年における二〇歳～二四歳の女性の人口は三〇三万四二八八人だったのが、一九四七年になると三六九万九四四八人となり、六六万五一六〇人増加している。それに対して、一九三五年の二五歳～二九歳の男性の人口は二六七万二四八人だったのが、一九四七年になると二四一万九一三人となり、二五万九三三五人減少している。すなわち、女性の人口は一九三五年より一九四七年の方が増加しているのに対し、男性は二五歳～三四歳の人口のみ一九三五年よりも一九四七年のほうが減少している。減少の理由は、戦死等によるものと考えられる。一方、一九四七年～一九四八年は「第一次婚姻ブーム」〔厚生労働省 2017:2〕にあたるため、一九四七年という年は、適齢期の女性の「配偶者候補者」が制限された状況で婚姻ブームがおこったことになる。このような社会状況を視野に入れると、婚姻ブームと相まって適齢期の日本人男性との結婚にあぶれた女性のなかに、占領兵とのロマンスを経験した女性が多くてもおかしくはない。

さらにその中で交際相手の占領兵と結婚に至らなかった女性は、後年、占領兵とのロマンスを公に語ることができない状況にある。なぜなら、もし公にロマンスを語れば、「元パンパン」というスティグマを社会から負わされてしまうからだ。「パンパン」というスティグマは、占領兵とのロマンス＝勝者に寝返った女、娼婦差別に加え、占領期当時は「結婚前の娘」が貞操を失うことに対するスティグマ、結婚に至らなかった女性には、「男に捨てられた」というスティグマなど、現在よりスティグマが重層化していたであろう。結婚前の娘が貞操を失うことに対する社会的スティグマについては、澤岻が「米兵との恋愛は、それが真面目なものであれ、カネで売った見せかけのものであれ、不純なものとみられた」［澤甿 2000:175］という調査結果に見られるように、占領兵との恋愛が不純と結び付けられるスティグマである。恋愛のみならず、占領兵とかかわりを持つ女性たちのレイプ／売買春／恋愛／結婚は明確な線引き自体、難しい。だが彼女たちは、パンパンとひとくくりにされスティグマを負わされていることは、本書でみてきたとおりである。さらに、結婚前の女性が貞操を失うことがいかに問題視される状況だったかを知るには、本書ですでに紹介した、さくらこやあおいのケースを思い起こせばよい。さくらこやあおいは、占領兵にレイプされた被害者である。にもかかわらず、レイプされたことを父親（さくらこの場合）や母親代わりに育ててくれた叔母（あおいの場合）に打ち明けたところ、父親や叔母から家を追い出されてしまった。

このようなスティグマの重層化によって彼女たちは、当事者自ら語り始めることで自分を肯定する「経験の再定義」（上野千鶴子）ができない状況にある。

3．戦争花嫁がこぼれ落ちた経験を語ることができるようになるには

ノンフィクション作家の林かおりは、「ヨーロッパ系の戦争花嫁には売春婦のイメージがないのに、どうして、日本の戦争花嫁には売春婦のイメージがつきまとうのだろう」［林 2002:33］と疑問を呈している。果たして、「ヨーロッパ系の戦争花嫁には売春婦のイメージがない」のだろうか。

本書「はじめに」で言及したように、ドイツから解放されたフランスでは、当時、「ボニシュ」（お手伝いの蔑称）と侮蔑的に呼ばれていた女性たちがいた。彼女たちは、解放軍としてやってきた米兵の恋人や「フィアンセ」として交際することを選んだ女性たちで、「良家」の子女であることも多かった［ロバーツ

2015:242〕。彼女たちの出身階層が高かったとしても、ボニシュという侮蔑的な言葉がある限り、彼女たちの中で解放軍兵士と結婚した女性たちに、「売春婦のイメージがない」とは考えられにくい。彼女たちは、フランスを解放に導いた「解放軍兵士になびいた女」だからだ(4)。

澤祇は、一九九九年に基地問題の調査でドイツに行った際、米軍基地が集中している地域出身の大学の女子学生から、母親から「米兵とつき合うのはろくな女じゃないから、決して米兵とはつき合うな」といつも言われていたことを知った〔澤祇 2000:208〕。澤祇は、その大学生の言葉を踏まえて、「駐留軍兵士が受け入れ国で、ある特殊な男性集団として見られ、その外国軍兵士と交際する女性を嫌う風潮は、世界中どこでもある」〔澤祇 2000:208〕と言う。

澤祇の指摘は、「外国軍兵士と交際する女性を嫌う風潮」は日本にかぎったことではないことを表している。「米兵とつき合うのはろくな女じゃない」のなら、「米兵と結婚する女」も同様である。したがって交際の延長にある結婚にしても、「ヨーロッパ系の戦争花嫁には売春婦のイメージがない」とは考えにくい。

さらに、オーストリア・ザルツブルグのボルツマン研究所にある証言を調べた澤祇は、一九四五年から一〇年間のオーストリアの米軍占領期間中に、占領兵と交際するオーストリア女性について次のように述べている。占領兵と交際したオーストリア女性は、占領軍に雇用されたタイピスト、ウエイトレス、洗濯婦の他、バーのホステス、売春婦等職種はさまざまで、交際する理由もいろいろだった。彼女たちのことをひとびとは、「チョコレートガール」「ヤンキー花嫁」などと呼んだ。そして、「市民のこれらの女性たちに対する反応は敵意に満ちたものだった。人々はこれらの女性たちはオーストリア人の尊厳を汚すものだと非難した」〔澤祇 2000:135〕。占領兵と交際するオーストリア女性が「尊厳を汚す」対象とされているのは、これまでみてきたように占領兵と交際する日本女性の状況と同じである。彼女たちも日本女性と同様、「戦勝者に寝返った女」であるからだ。このように考えていくと、「ヨーロッパ系の戦争花嫁に売春婦のイメージがない」と、いったい誰がそのように思っているのだろうか[5]。

戦争花嫁にある種のイメージ——この場合「娼婦」——があるかないかを問う時点で、戦争花嫁は社会に受容される経験以外の経験を語ることができなくなる。彼女たちの経験がかけがえのない経験であったとしても、社会に受容される経験でない限り、その経験は語ることができない。

占領兵と占領地女性のレイプ／売買春／恋愛／結婚は線引きが難しいうえに、性暴力連続体上に存在することを、本書11章と12章で具体的な事例を提示して明らかにした。戦争花嫁もこの性暴力連続体を行きつ戻りつしながら、その状況をなんとか生き抜いた女性であることを意識することで、社会に受容された経験からこぼれおちた経験を彼女たちは語ることができる。と同時に、占領兵と結婚に至らなかった女性が語り始めるきっかけとなるだろう。それは、彼女たちの経験に耳を傾ける、わたし（たち）の姿勢が問われていることにほかならない。

註

（1）「私のアメリカ好きは、さして深い意味もなくこんな単純なことから始まっていたのだ」［小坂 1990:14］と述懐する小坂はその後、国内の進駐軍キャンプを演奏旅行することとなる。

（2）田中は、植民者／被植民という関係性にさまざまな矛盾を抱えた中間者を位置づけるというよりも、コンタクト・ゾーンではすべての存在が中間者となる、なりうることがコンタクト・ゾーンの特徴であると述べている［田中 2011b:164］。

（3）社会学者清水幾太郎、教育学者宮原誠一、教育評論家上田庄三郎が編者となって刊行された『基地の子——この事実をどう考えたらよいか』［光文社 1953］は、北海道から鹿児島までの基地周辺に住む小中学生から作文を公募し一三二五点のなかから二〇〇点が選ばれた。選考に際しては、「一定のイデオロギー」に基づいて選んだのではないことが「選考についての報告」に掲載されている。その他、一九五三年に刊行されたものとして、清水幾太郎が編者に加わっている猪俣・木村・清水編『基地日本』［和光社 1953］と、慶応大学社会事業研究会編『街娼と子どもたち――とくに基地横須賀市の現状分析』（『日本〈子どもの歴史〉叢書24』久山社 1998に再録）がある。これら三冊の本は、朝鮮戦争当時の米軍基地周辺の内容を中心に扱っている。日本の占領は解除されたものの、戦闘態勢に入っている兵士たちが駐留軍兵士として日本に駐留し続けている時期にあたる。

（4）そうなると、ボニシュと呼ばれた女性たちの混血児は、どのような扱いを受けたのか、今後検討する余地がある。

（5）オーストリアでのチョコレートガール、ヤンキー花嫁といった呼称をめぐって、深く検討する必要がある。

第14章　占領兵との子どもをめぐって

1．占領兵の子どもを生んだシングルマザーの子育て

(1)名前も住所も変えてひっそり暮らす母親

次に紹介する占領兵の夫が戦死してシングルマザーになった事例は、たとえ正式に結婚していても、夫という後ろ盾がなくなったとたん、困難に直面するケースである。

一九五〇年一一月二九日付『朝日新聞』夕刊に、戦死した米兵の妻とその息子が日本に残されていて、夫の遺族が母子を本国に引き取りたいので探してほしいという依頼があり、無事みつかったという記事が掲載されている。記事によると、息子が生まれた後、夫は戦場に赴き戦死した。その後、母子は名前を変えて別の場所で暮らしていたところを発見された。

消息不明の母子が見つかったことを報道する記事自体は、喜ばしい内容だ。だが母親の、「クラブでの楽しいパーティは懐かしい思い出です。米婦人が坊やを可愛がってくれた」という結婚生活を送っていた談話に注目すると、夫という後ろ盾を失くしたとたん、名前を変えて別の場所で暮らさなければならない状況になったことがわかる。これは、日本人の子どものシングルマザーには考えられないことである。新聞では母親の実家のことは全く触れられていないが、少なくとも母子が名前を変えて暮らしている状況から、実家の後ろ盾もなかったと考えられる。

このような事例から、混血児のシングルマザーは、日本人の子どものシングルマザー以上に、社会の厳しい視線にさらされながら子育てをしなければならない状況に置かれていた。

(2)「平凡な日本人」をめざす子育て

一九四六年二月一日にNHK国際部による英会話放送が始まり、たちまち人気番組となった。そして日本各地に「カム・カム英語勉強会」が生まれ、NHKの英会話放送の平川唯一講師に感謝状を贈るところもあった〔太平洋戦争研究会編 1995:112〕。銀座では、「アメリカの雑誌「ライフ」や「リーダーズ・ダイジェスト」の発売日には長蛇の列ができ、若い男女が争ってそれらの雑誌を買い求めていた」〔原田 1994:61〕。このように、敗戦後の日本は空前の英会話ブームであった。ところが、占領兵の混血児が学齢期に達する頃、皮肉なことが起きる。

一九五四年二月一八日付『朝日新聞』に掲載された「混血児はどう受け入れられたか」のなかで、白人兵との間に出来た姉妹の母親(胡桃・仮名)の話が掲載されている。胡桃は正式に婚姻しないで、白人兵と同居して年子の姉妹を生んだ。その後、「夫」は朝鮮戦争で戦死したため、シングルマザーになった胡桃は船乗り相手のキャバレーで女給の生活をしている。姉は小学一年なので、胡桃と戦死した夫が知り合って同居したのは占領期である。

皮肉なことというのは、胡桃は娘たちに父親の母語である英語を習わせることを断念したことだ。娘がアルファベットの読み書きを全部覚えたことが「生意気だ」と、いじめの対象にされたからだ。胡桃は娘たちがいじめられないよう、娘たちを「平凡な日本人にしようと育てている」。日本人の子どもが英語を習うのは問題ない。だが混血児が英語を習うと、いじめの対象となるのだ。その結果、母親は我が子に英語を習わせることを断念して、「平凡な日本人」に育てようとした。すなわち日本で混血児とその母親が周りの日本人たちと摩擦なく暮らすには、混血児の母親は日本人より「日本人らしい」ふるまいとなるような混血児の子育てが暗に求められた。

(3)アメリカ流の養育はシングルマザーの生存戦略

混血児のシングルマザーに実家という後ろ盾がない場合、社会の厳しい視線の中で、子育てと生計の両方を一人で担うという困難さがある。本書で分析した六三名の女性のうち、松子（二五歳）とるり（二〇歳）がそれにあてはまる。

松子はキャバレーで働いている時に知り合った占領兵と同棲して、彼の子どもができた。子どもと暮らして、彼から毎月二万五〇〇〇円をもらって関係を続けているが、彼とは同棲していないようだ。性病の入院治療費が高額なため月二万五〇〇〇円では生活ができないので、別途、部屋を借りて占領兵の客をとっている。一年七か月の子どもは人に預けて、月三〇〇〇円の養育費を支払っている。松子の家族は、母親は病死したが大工の父親、兄三人、弟一人、妹二人は健在だ。にもかかわらず、他人に子どもを預けているところから、松子は実家に頼れない状況にある。また、松子は部屋を借りるにも高額の金を支払い、米代、薪代、炭代にも月五〇〇〇円も支払っている。米代、薪代、炭代に月五〇〇〇円かかっているのは、松子は何らかの事情で配給を受けるための身分証明書がなかったと考えられる。当時の月五〇〇〇円は、兵卒クラスの占領兵の月収と同程度で（現在の貨幣価値で五〇万円）、決して安い金ではない。松子は自身で生活費を賄いつつ、子育ても一人でしなければならない状況にあった。

占領兵の月収については本書「はじめに」で述べたが、ここで今一度、日本での占領兵および日本人の月収について詳しくみておこう。一九四七年九月に新任軍医として京都軍政部公衆衛生課長に赴任した二五歳の軍医（将校）グリスマンの月収は、当時一六〇ドルであり、兵卒の月収は二〇ドルだった［二至村 2015:42］。一九四八年もグリスマンの月収は変わらなかったとして、日本円で四万三二〇〇円（一ドル二七〇円の為替レートで計算）であり、兵卒の月収は五四〇〇円である。一九四八年の小学校教員の初任給は月額二〇〇〇円で、二〇一五年度の小学校教員大卒の初任給は二〇万一九〇〇円であることから、グリスマンの月収は今の通貨価値に換算すると四三二万円であり、兵卒の月収は五四万円ということになる。若い兵士でさえも、新任小学校教員の二倍以上の月収であった。六三名の女性で父親の月収を明らかにしているのは、かすみ（年齢不明）とゆり（二〇歳）の二名だ。かすみの父親は中央市場で働き月収は四～五〇〇〇円で、本書の「結婚の生存戦略」で登場したゆりの父親は鉄道員で月収は約一万円である。『街娼』には、職業に就いたことのある女性一九五名の前職の月収調査を行なっている［竹中・住谷編 1949:143-147］。この調査によるとダンサーの月収八八一二円、事務員の平均月収二二三七円、[1] 工員八七八円で、ダンサーの月収が一番多い。これらは日本人が経営している店や会社の月収である。ダンサーの場合、ダンサーの平均月収の多さから客は占領兵である。

ところが米軍基地で働くと、平均月収は通常の約二倍以上となる。一番多い平均月収の職種は、「酌婦娼妓」で平均月収七四二五円である。占領軍将兵用慰安施設は閉鎖になって「酌婦娼妓」は存在しないことになっているが、非公式のかたちで彼女たちは存在していた。六三名の女性で沙羅（一八歳）は、日中は洋裁、夜は「宴会に招ばれて行ってお金が貰えます」（原文通り）と語っている女性だ。月収一万二〇〇〇円（そのうち洋裁は五〇〇円）で夜稼ぐ金は平均月収を上回っていることから、夜は占領兵たちの「酌婦娼妓」で稼いでいたと思われる。次に平均月収が多いのは、事務員（タイピスト）、ハウスメイド、売店売り子、給仕で、平均月収は四〇五四円である。ハウスメイドでもハウスキーパーは、家事全般を監督するため月収が良く、一万五〇〇〇円もの月収をもらっていたハウスキーパーもいた。次に平均月収が多いのは喫茶ガールで、三三〇〇円である。

これらのことを踏まえて、松子の語りに戻ろう。松子は子どもをある人に預けて、その養育費として月に三〇〇〇円支払っている。「そのほかオヤツなど、しじゅう買ってやらねばなりません」と松子は語っている。月三〇〇〇円の養育費は、占領軍将校家族の家で働くハウスメイドの月収と同額である。六三名の女性で前職がハウスメイドだった女性は四名いる。学歴は三名が女学校卒以上で、そのうちの一人はハウスキーパーで女専を卒業していた。当時のハウスメイドは、女学校等で紹介される場合もあった。夫が病死してシングルマザーとなった女性は、黒人MPの家庭のハウスメイドでベビーシッターを担当した。彼女を紹介したのは「女高師時代の恩師の奥様」だった。そのMP宅ではホームパーティが頻繁に行われ、「当時の日本人の暮らしとは違い別天地」［ならの女性生活史編さん委員会編 1995:483-484］だった。この事例から、将校クラスの家庭の養育係には女学校卒で身元のしっかりした女性が選ばれていることがわかる。松子は子どもの養育に、日本人家庭の子守ではなく占領軍将校の家庭で働くようなハウスメイドを雇ったと考えられる。

るりは勉強嫌いで女学校を中退して家出をしていたとき、交際相手の占領兵の子どもを妊娠して実家へ戻った。ゴム会社社員の父親と母親は健在だが、るりによると、「家族のものは生活の実状については何もしらなかった。しかし妊娠してしまったのでやむなく実家にかえったが猛烈な反対にあい（……日本人の子供ならば仕方もある〔原文ママ〕が混血児ではという家族の思惑のため）現在子供と二人ぐらしである」。るりも実家をあてにできない状況にあるため、月三〇〇〇円で「子守」をやとって子どもと二人で暮らしている。るりの場合も子どもの養育に月三〇〇〇円かかっていたことから、米軍将校クラスの家庭で働くようなハウスメイドを雇っていたことになる。

松子とるりの事例から、実家に頼れないシングルマザーだからこそ、子どもの養育に十分な金をかけている状況が浮かび上がる。彼女たちは、将校クラスの家庭でハウスメイドの経験者を雇ったと推測できる。我が子をアメリカ流に育てることで、我が子は「占領者の子」になり、自身は「占領者の子の母親」になれるからだ。そしてそれこそが、混血児への差別はもちろんのこと、実家という後ろ盾もなく一人で子育てをしなければならないシングルマザーへの社会的偏見に対する松子やるりの生存戦略である。

2．黒人の混血児のシングルマザーへの厳しい視線

⑴ 混血児の人種の割合——黄色系を除外した厚生省

一九五三年五月五日付『毎日新聞』には、厚生省による混血児の実態調査結果が掲載されている。調査結果の内容は、白人系の混血児は三〇〇四名、黒人系四〇〇名、黒白の識別不明八六名である。厚生省の「「いわゆる混血児」調査において「黒」「白」だけを対象」［加納 2007:239］としていたことを加納が明らかにしたように、当時の厚生省の混血児調査では黄色系は調査対象外だった[2]。したがって、黄色系混血児の数は除外されていることを踏まえて、記事の中身に注目しよう。国籍は米国が八四%、豪州、フィリピン、英国の順となっている。また、父親が誰かを認知されているのは六二%、他は父親不明である。養育費の大部分は母親が負担し、実父が責任を感じて養っているのはわずかに二件だった。この調査結果から、三四九〇名のうち八六%が白人兵の子どもで一三%が黒人兵の子どもという割合から、圧倒的に白人兵の子どもが多かった。その背景に、黒人兵が白人兵より少ないことだけでなく、黒人兵の子ど

もがより多く中絶された可能性も考えられる。日系兵士の子どもについてはその数のみならず、どのような扱いを受けたかも不明である。日系兵士の子どもやその母親の経験について、今後さらなる考察が必要である。

(2)「今夜も帰らない」のは「今夜も帰れない」母親の生存戦略

白人兵の子どもを持つ母親は、実家の両親が孫の面倒をみてくれる場合が散見される。

本書第5章で登場した「○○眼の可愛い子」の母親花は子どもを熊本の母親に預けて京都で働いているし、本章の最初に登場した胡桃は年子の姉妹を父親に預けて働いている。花や胡桃が子どもを親に預けることができたのも、白人兵の子どもだったということも大きな理由の一つだといえよう。

黒人兵の子どもを持つ母親はどうか。写真①は、拙著『パンパンとは誰なのか』の表紙に使用した画像である。この画像は「棄てられた混血の子―神戸」(一九五七年八月四日付『アサヒグラフ』第八号～第九号合併号)の記事で掲載された画像で、手をつないで歩く後ろ姿はチャーリー(一一歳)とマチ子(七歳)の兄妹である。父親は終戦直後日本にやってきた黒人軍曹で、母親の蓮(仮名)は日本人だ。父親は二年前に本国の米国へ帰国したあと、音沙汰がない。母親は、外国人専用バーに勤めて二人を育てている。

記者が蓮に身の上を尋ねたところ、蓮は戦争中に神戸で戦災に遭い、一家離散して終戦を迎えた。その後蓮は占領軍相手に「ヤミ商売」をしているときに、父親の軍曹と知り合ったという。両親が知り合ってまもなくチャーリーが生まれ、両親の関係は父親が帰国するまで九年間は続いていた。父親は、日本での家族関係を維持するために、数回にわたる任務延長の申請手続きをしたと思われる。というのも、通常、「米軍兵士は、約三年ごとに異動する生活を営んでいる。また、軍隊からの命令があれば、長期間にわたる戦地への派兵や、訓練のため沖縄を離れることなどが多々ある」［宮西 2012:9］からだ。これは、二〇〇五年一〇月から沖縄県の米軍基地キャンプフォスター（キャンプ瑞慶覧）のパーソナル・サービス・センターのフロントデスクでボランティア活動を行ないながら、米海兵隊基地内の沖縄軍人妻の研究を行なった宮西香穂里の調査結果である。宮西は、米軍兵士の「沖縄という社会空間を超え、移動する生活」は、「夫婦関係に緊張を強いて、離婚や不和の原因につながることもある」［宮西 2012:9］、と指摘している。本書第4章で登場したあさの事例でも、二人目の交際相手は帰国命令が出たあと三年間占領地での任務延長を申請していることから、占領兵においても三年ごとに異動の辞令が出ていたと考えられる。占領

写真①

兵たちは「移動する生活」を行なっているため、占領地女性とのロマンスも、「移動する生活」というライフサイクルの中に組み込まれている。

田村が、「オーストラリア軍人と恋愛関係にあったのに日本に残された女性も多かった」〔田村 2002:153〕、アメリカ日系社会を研究している安冨成良も、「さまざまな理由により結婚には至らず、結果的には海を渡ることが出来なかった日本女性も多くいたことを忘れてはならない」〔安冨 2005a:37〕と指摘しているように、占領兵と親密な関係にあったにもかかわらず、婚姻に至らずに日本に残された女性も多かった。本書がとりあげた六三名中、交際相手に帰還命令が出たために別れた女性は一九名存在する。割合でいえば約三分の一にあたる女性が、交際相手の本国への帰国をきっかけに別れていた。

アイ（二一歳）は福岡の米軍基地でタイピストをしていたときに、電信、電気技術者の占領兵と恋愛関係になって同棲していた。彼が京都へ異動になったときは、福岡から一緒に京都に出て居を構えた。ところが、「時が来てW〔彼の名〕と別れるようなことがあれば、その後は独立して生きてゆくつもりです」と語っているように、アイは「本国への帰国＝別れ」を覚悟しつつ交際を続けていた。交際相手の本国にいる家族と交流し、結婚したい意思を表明しているなつめ（一九歳）は、「現在の国際情勢で、その結婚ができるかどうか不安」をかかえている。交際相手と折半して大阪に不動産を持っているゆず（二〇歳）も交際相手との結婚を望んでいるものの、「〔交際相手が本国に〕帰ったあとのことを考えると、不安」を感じている。

このように、本国への帰国命令は、占領兵と交際する女性たちにとって最大の心配事であった。だからこそ帰国命令がでてさっさと帰国するのではなく、九年間も神戸を去らなかったチャーリーとマチ子の父親は、誠実な人物であると考えられる。ただし家庭生活を九年間営んだにもかかわらず、チャーリーとマチ子の父親は母親と正式な結婚をせずに本国へ帰国して音信不通となっているため、結果的に九年後に母子を棄てたのである。

ところがチャーリーとマチ子の母親の蓮は、子どもを棄てていない。にもかかわらずヘッドラインでは、チャーリーとマチ子は「棄てられた混血の子」となっている。この記者は蓮のことを、チャーリーとマチ子を放置している母親とみなしていることが、記事のあちこちからうかがえる。写真①のキャプションは、「ネオンのともるころになると外人の出入りする酒場街に姿を現わし、通りかかる外人にまとわりつく。金をくれる人もあるが、それだけが目当てではないようだ。体を流れる〝血〟が同じ血を求めて足をこのあたりに向けるらしい」。チャーリーとマチ子の「体を流れる〝血〟」は、たしかに米兵である父親の血が流れている。だからといって、「外人の出入りする酒場に姿を」現す理由として、「同じ血を求めて」とみなすのは、記者の憶測である。

本文には、「お母さんは外人専用の酒場で働いているが「外泊勝ち」(原文ママ)だ。チャーリー君とマチ子ちゃんは毎日毎夜、街並をうろつき回っている。神戸市の元町駅を乗り降りする人なら、この兄妹のわびしげな姿を一度ならず見たに違いない」と書かれている。そしてこの記事の最後には、「戦争の落とし子「混血児」は全国でざっと四千人(厚生省調べ)、伝えられる駐留軍の大幅撤退と共に、チャーリー君やマチ子ちゃんの哀しみが、日本のどこかで繰り返されるのだ」と締めくくられている。父親のみならず母親からも「棄てられた」チャーリーとマチ子は、いかに「哀しみ」に満ちた黒人の混血児であるかを、この記事はことさらに強調している。

今度は、チャーリーとマチ子の母親の蓮に焦点を当てよう。記事の本文では蓮について、「「日本人はどうして私の子供をいじめるんでしょうネ」と仏頂面してお勤めに出かけてしまう。今夜も帰らない」と、批判的に書かれている。だが、チャーリーとマチ子が日本人からいじめられていることを、蓮は知っていたことが蓮の発言からわかる。二人を「いじめる」のは子どもだけではなかったことが、蓮の「日本人」という発言から伝わってくる。

蓮がチャーリーとマチ子に気を配っていることは、子どもたちの服装からも伝わる。蓮たちは電灯のないバラックに住んでいても、チャーリーとマチ子の服装はきちんとしている。写真①でマチ子は、ギンガムチェックのワンピースを着ている。画像では見えにくいが、マチ子の髪の毛には髪飾りがつけられている。別の写真でもマチ子の髪の毛は二つに束ねられ、リボンがかかっている。チャーリーも別の画像では、無地のVネックの小奇麗なノースリーブシャツを着ている。父親がいた頃よりはるかに生活レベルが落ちたとはいえ、蓮は二人の子どもたちを育てるために、外国人専用バーに勤めて生計を立てている。ここに、米兵の父親がいなくなって、シングルマザーとして奮闘している混血児の母親の姿が浮かび上がる。「外泊勝ち」（原文ママ）であるのも、黒人兵の混血児が日本社会で生きていくのに少しでも生きやすくなるように、金が必要だからだ。蓮は限られたぎりぎりの生活状態のなかで、出来る限りの子育てを行なっているにもかかわらず、記事には蓮を労う言葉は一切見当たらない。その上、シングルマザーとして奮闘している蓮の姿もなかったことにされている。蓮が「今夜も帰らない」のは、「今夜も帰れない」ほど、子どもたちとの生活を死守しようとしている蓮の生存戦略だ。

チャーリーとマチ子に限らず、混血の子どもたちは当時、どこにでもいた。(3) にもかかわらず、チャーリーとマチ子が写真雑誌に「棄てられた混血の子」として掲載されてしまうのは、蓮には実家の後ろ盾がないことに加え、日本で一三％しかいない黒人の子どもを生んだからである。それに加えて、蓮たち親子と暮らした夫（であり父親）は日本を去ったからである。だからこそ、記者はチャーリーとマチ子に同情を寄せることで母親の蓮を暗に非難するというネガティブな方向でしか、とりあげようとしなかったのだ。もしチャーリーやマチ子が白人兵の子どもであったとしたら、このような形でグラフ誌に取り上げられただろうか。グラフ誌のこうした取り上げ方に、黒人兵の子どもを持つ母親が置かれている社会状況の一端が垣間見える。

3．混血児とその母親の立場の違い

(1)「正しい結婚」をしないで混血児を生んだ母親への厳しい視線

占領兵の混血児とその母親は、どちらも占領兵に関わっているが立場が全く違う。混血児の母親は、占領兵と親密な関係になったという「自発性」がある。一九五二年七月一一日付『朝日新聞』の「天声人語」は、混血児とその母親の立場の違いを明確に示している。混血児について、「生まれた子に罪はない」という文章が二回繰り返されている。対して混血児を生んだ母親については、「ダラシのなかった大和ナデシコ」という。記者は混血児が生まれた原因について、「〔母親の〕正しい結婚によってではなく、多くは売春行為」であるとみなしている。だが、日本は占領という戦勝国の男性と敗戦国の女性という圧倒的な支配／被支配の関係にあったことを忘れてはならない。この権力関係の中で、レイプを含む望まない妊娠の末、混血児の母親となった女性もいる。にもかかわらず、「天声人語」の記者が混血児の母親を見る視線は、「正しい結婚」をした女性か「売春行為」をした女性かのどちらかしか存在しない。

本章の最初に登場した胡桃は、「混血児の母親といえば、ほとんど私のような人でしょうが、おそらく同じ苦しみに悩んでいると思います」と語っている。戦死した米兵と内縁関係にあった胡桃は、船乗り相手のキャバレーで女給をして二人の姉妹を育てている。「〔子どもたちが〕大きくなるにつれて母の過去や職業に対する世間の悪口をだんだん意識して来て困っています」と述べ、「私はアイノコ」、「母さんはいい商売だからお金があるでしょう」という言葉が娘の口から出ることで、「だれが教えるのでしょう」と、胡桃は語っている。「アイノコ」や「母さんはいい商売」という言葉が示しているのは、周りの人たちは混血児を持つ胡桃のことを、パンパンとみなす視線があったことにほかならない。この視線は、「天声人語」の記者が混血児の母親を見る視線と共通している。

(2)「暴力の予感」を感じる女子中学生

混血児を生んだ母親に対し、子どもは親を選べないので、自ら混血児になるという「自発性」はない。第13章でとりあげた『基地の子』には、「かわいそうな混血の子」というタイトルで小・中学生の作文が七篇収録されている。七篇のうち、混血児が増えると困るというもの二篇（横浜市中学三年男子、青森県中学三年男子）、混血児の立場は「かわいそう」で母親を間接的、あるいは直接的に非難しているもの四篇（鳥取県小五女子、静岡県中二女子、立川市中学三年女子、呉市中学二年女子）で、一篇だけ他の六篇と内容が異なっている。

その作文は、青森県の中学三年女子が書いた作文だ。混血児のことを「かわいそう」と書いているのは先に挙げた四篇と共通しているが、父親の米兵のみを批判しているところが、他の作文と異なっている。「血のにごった子」というタイトルの短い作文は、次のとおりである。

米軍は演習がおわると
子供たちにガムや小銭をくれて

お嬢さんの居所をさがしている
それでよいのかと思えば
血をにごらかして
赤ちゃんを生ませて
その赤ちゃんがかわいそうです

一九五三年三月に横須賀で日本子供を守る会と日教組の共同主催による「基地の子供を守る全国会議」が開かれた。この大会を基に、猪股浩三、木村禧八郎、清水幾太郎によって編纂された『基地日本』［和光社 1953］には、「第一部　おののく基地の表情――現地からのルポルタージュ」と題して、沖縄を除く日本全国の小・中学校教員の現場からの報告が掲載されている。その中で青森県の中学校教員船場五郎の報告は、米軍の三沢基地に近い八戸市には相当数の街娼がいたことを、警察の資料から明らかにしている。三沢の町は、米兵相手の女性たちが住む「自然急造のテンプラ建築家屋が雨後の筍の如く出現した」［船場 1953:26］。このような基地周辺には、必ずポンビキがいる。にもかかわらず、米兵の中にはポンビキではなく、村の子どもたちに「ガムや小銭」を渡して女性を探す兵士もいたことが、この中学三年女子の作文からわかる。彼らは、子どもたちが「お嬢さん」とみなす女性を探していた。すなわち、この米兵たちが求める女性は、「プロではない若い女性」である。このとき米兵に「お嬢さん」を紹介する村の子どもたちは、米兵と「お嬢さん」を結ぶ「中間者」の役割を担ったといえよう。

文中の「それでよいのかと思えば」という表現は、米兵が「お嬢さん」に会っただけでは済まなかった出来事が起きていたことを表している(4)。その出来事とは、米兵が「お嬢さん」に赤ちゃんを生ませたことだが、「生ませた」という強制性の表現から、望まない妊娠の末出産した若い女性の存在がうかがえる。望まない妊娠には、米兵の性暴力も含まれる。そうなると、中学三年女子の書いた、「血をにごらかして」という表現には、「「混血」を文字通り受け取った子どもの発想」［加納 2007:241］以上の意味が込められていると考えられる。作文の作者である女子は村に住んでいたので、米兵から混血児を生まされた女性のことを、村では誰もが知っていて彼女も見聞きしていたと思われる。「米軍」という表現を使っているところから、複数の米兵がそのようなことをしていたと考えられる。占領期にタブー視されてきた混血児について、占領が解かれた時期と混血児たちが学齢に達する時期とが相まって、日本の「独立後」混血児のことが一気にメディアで取り上げられるようになった。この作文も他の作文同様、混血児への同情はあっても、その母親に対する同情は文面からはうかがわれない。だが、混血児の母親を一方的に批判する論調が多い中、望まない妊娠の末出産した「お嬢さん」の存在がうかがえる作文を書いた、この中学三年女子の視点は重要である。

彼女が望まない妊娠の末出産した「お嬢さん」に注目したのは、沖縄近現代史研究者の冨山一郎が、日常生活を営む中で「傍らで起きていることだが、すでに他人事ではない」［冨山 2013:15］という「危機感」を「暴力の予感」［冨山 2002］と表現しているように、中学三年という年齢を考えても、米兵からのレイプという理不尽な性暴力が自分の身に起こるかもしれないという、「暴力の予感」を感じていたからではないか。彼女の感じる「暴力の予感」は、米兵からの暴力だけでなく「村の人たちの噂」に象徴されるようなセカンドレイプ（性的二次被害）に対する予感でもある。彼女の作文から、基地周辺で日常生活を営む女性のなかに、彼女のような「暴力の予感」を感じていた女性の存在も見逃してはならない。

4.「ボッシュの子」と「パンパンの子」　違いはなぜ生まれたか？

(1) 経験の再定義ができた「ボッシュの子」

これまでみてきたように、混血児とその母親はお互い立場が違うということを念頭に置いた上で、つぎはフランスと日本の事例をもとに、占領兵の混血児を比較検討してみよう。スティグマを負わされた上で六〇年以上の歳月を生きてきた独仏混血の当事者が自ら封印してきた過去を語り始めることで自身を肯定する経験の再定義ができた事例として「ボッシュの子」を、いまだにそのような経験の再定義ができない事例として「パンパンの子」をとりあげる。経験の再定義ができる場合とできない場合の違いは、なぜ生まれたのだろう。

経験の再定義ができた好事例として、「ボッシュ（ドイツ野郎）の子」（これ以降、かっこをはずす）の経験があげられる。ボッシュの子とは、第二次世界大戦中にフランスを占領していたドイツ軍兵士とフランス人女性の間に生まれた子どもたちに対する蔑称である。[5]

本稿では、占領兵であるドイツ兵と占領地に住まうフランス女性との間に生まれたジョジアーヌ・クリュゲールについて焦点をあてよう。クリュゲールは自伝、『ボッシュの子　ナチス・ドイツ兵とフランス人との間に生まれて』［日本語訳は小沢君江訳、祥伝社 2007］で、同級生から生まれてはじめてボッシュの子と呼ばれたときの衝撃を綴っている。クリュゲールが小学生のとき、休み時間の校庭での出来事だ。

おどおどしながらもわたしは、教室で隣り合わせの友人が属しているグループに近づいてみた。そのとき大きなおんなの子が、わたしに蔑むような視線を投げかけて、「ボッシュの子、あっちにいって！」と叫んだのだ。

この言葉がわたしに与えた強烈なショックは、今でも忘れない。

「ボッシュの子」と呼ばれたのはこれが初めてだった。その言葉にどのような意味が込められているのか、わたしにはわからなかった。

その日、その意味を訊くために、わたしは帰宅するとテーブルの上に鞄《かばん》を置き、気を落ち着かせてから母に質問した。

「ママン、ボッシュってどういう意味？」

母は、ちょうどそのとき、作っていた手袋が複雑で苛々していたのか、わたしが帰ってきたことにも気がついていなかった。わたしの言葉に電気ショックをうけたかのようにびくっとし、顔を強張《こわば》らせて叫んだ。

「どうしてそんなことを訊くの！」

「学校でみんなが、わたしのことを、〝ボッシュの子〟だっていうの」

とわたしは俯《うつむ》きながら言い返した。その間、母の緊張した青い瞳が放つ鋭い視線が、わたしの網膜を射《い》るように向けられていた。［クリュゲール 2007:22-24］（ふりがなは原文のままである。）

クリュゲールの自伝は、二〇〇六年にフランスで刊行された。四歳から成人するまでの大部分を修道院のなかの孤児院で暮らし、修道女たちや修道院の料理人の女性に蔑まれながら育ったシュザンヌ・ラルドロも、二〇〇五年に自伝『誇り高い少女』をフランスで刊行した［日本語訳は小沢君江訳、論創社 2010］。ラルドロも自伝のなかで、「『髪を刈られた女の子どもたち』はもはや欠陥のある者ではない。歴史が産み落としたという特殊性を共有する者なのだ」〔ラルドロ 2010:248〕と、当事者が自らの経験を語る経験の再定義を行なっている。このように、ボッシュの子としてスティグマを負わされた上で六〇年以上の歳月を生きてきた独仏混血の当事者たちの間で、経験の再定義が行なわれ始めている。

経験の再定義が行なわれた背景として、『沈黙のうち過ぎ去る』というドキュメンタリー映画が二〇〇二年に仏テレビ局フランス3で初めて放映（翌年再放映）され、反響を呼んだことに起因する。フランスではその二年後に『沈黙に伏された過去』というドキュメンタリー番組でも、ボッシュの子のテーマを扱った。クリュゲールによると、「このふたつの番組を見た多くの人々が、初めて暗闇から陽のあたる場所に身をさらす決心をしたのである」〔クリュゲール 2007:117〕。

クリュゲールは、「ドイツ人兵士とフランス人女性の間に生まれたという事実。それは、沈黙によって隠蔽され、耐えがたい精神的苦悩となって、生涯つきまとってきた」〔クリュゲール 2017:182〕と述べている。耐えがたい精神的苦悩とは、占領兵であるドイツ兵と占領地のフランス人女性の恋愛が、ドイツの占領が解かれたとき、「国民への裏切り行為」「対独協力罪」とみなされ、この恋愛から生まれた子どもたちは蔑まれてきたことを指す。二〇〇五年には、「全国戦争児友好会（ANEG）」が設立され、ボッシュの子であったクリュゲールは現在、ANEGの広報担当として活躍している。「わたしはこの友好会の広報担当をしながら、聞き役になったり、情報を発信するなかで、わたしたち自身が長い間秘密にしてきた自分たちの過去から解放され、己のルーツを見出したいと願うようになっているのが感じられる」と語る。広報の活動を通じ自身のルーツに向き合うことで、「戦争という状況のなかで生まれた一人の子どもは、羞恥心と無力感からそれぞれの悲劇のなかに閉じこもり、自分だけがそうなんだ、と思い込んで生きてきた」〔クリュゲール 2007:184-185〕ことに気づく。ボッシュの子のひとりであったクリュゲールは、

ANEGの広報担当をしながら自身の過去に向き合い、「聞き役」になり情報発信をしていく中で、クリュゲール自身の記憶が解放されていく。

二〇〇五年四月には、ベルリン行搭乗待合室で、フランス全土から集まった男女約一〇〇名が、まだ見ぬドイツ人の父親と、会えるかもしれない家族の足跡をみつけようと待機していた。この一〇〇名は、約二〇万人といわれている、第二次世界大戦中にフランスを占領していたドイツ軍兵士とフランス人女性の間に生まれた子どもたちの一員だった。このときの様子も、二〇〇五年五月六日にドキュメンタリー番組で放映された。

空港の待合室に着いたときはお互いに未知の者同士だったのが、話をしているうちに親密になり、うちとけてくる。旧知の友人同士のように、「あんた」、「きみ」であったり、ファーストネームで呼び合いながら話は尽きなかった。

ベルリンのホテルに着いてからも、数人が固まり合っておしゃべりはとどまることを知らなかった。各々が自分のことを語ると同時に相手のことを尋ね、そのくり返しによって、まるで、それぞれが生きてきた数十年間の苦悩が一挙に吹き飛んでしまうかのようだった。［クリュゲール2007:177-178］

ボッシュの子たちのこのような記憶の解放の過程は、中国山西省における日本軍性暴力被害者の記憶の解放の過程と類似している。彼女たちの聞き取り調査および裁判支援にたずさわってきた歴史学者石田米子は、抑圧されている記憶をどうやって解放していくのかを、聞き取りを重ねていくうちに認識していったことを次のように語る。

被害を受けた女性は何度も語り、それから一緒に泊まったり、喧嘩をしたりしながら別の女性の被害を聞くわけですね。そうすると自分はどうだったかって忘れていたこと、思い出したくなかったことを思い起こす。私たちも聞き取りで「○○事件が起こったのは知ってますか」と聞くから、それなんのことかとおじいちゃんたちに後で聞きますよね。そうやって、あの時村に何が起こっていたかを知らなかった女性たちが村のことを知るようになる。ビデオを撮る人がいて、日本で多くの人にしらせるためにビデオを編集しますね。その編集されたビデオを日本の集会に来て見て、自分が出ているので、日本語はわからないけど食い入るように見るわけです。そうすると自分の身に何がおこったのかということを、村全体の大きな被害の中に見ることになるんですね。そうやって、自分の身に起こったことが何であったのかということを、彼女の被害を受け止めてともに怒ったり共に泣いたりする人たちがいることを知る中で認識していくのです。彼女個人の人生を狂わされたいまわしい被害は彼女だけの個人的な問題ではないことをみんなと共に認め合う。忘れたい過去が物語化されることによって彼女はその過去にはっきり向き合い、少しずつ癒されていくのですね。集会で証言やビデオにともに涙を流す日本人市民たちとの関係も重要なのです。(6)［石田 2002:25-26］

『沈黙のうち過ぎ去る』というドキュメンタリー映画は、クリストフ・ヴェヴェールの取材によるものだが、クリュゲールは、「ヴェヴェールのルポは、自分の出生の事実を探し求めている多くの人々を結びつける役目を果たしたといえるだろう」［クリュゲール 2007:177］と語っている。「トラウマ化されスティグマ化された経験の言語化には、注意深く共感的な聞き手の存在は欠かせない」〔上野／蘭／平井編 2018: xii〕が、ボッシュの子たちが経験の再定義ができたのは、ヴェヴェールという「注意深く共感的な聞き手」がいたからである。そしてクリュゲールの場合、ANEGの広報担当としての活動が、長い間秘密にしてきた過去からの記憶の解放であり、ルーツを見出していく過程でもあった。

(2) 経験の再定義ができない「パンパンの子」

一方、占領兵と日本人女性との間に生まれた子どもたちは、世間から「パンパンの子」（これ以降かっこをはずす）と認識されてきた。

『基地の子』の作文集に、パンパンの子といわれた小学三年生の作文が掲載されている。母親は日本人である。

ずっと前、お父さんが、日本にいた時は、私をひざの上に、だいてくれたり、きれいな洋服を買ってくれたり、チョコレートを「さあ、おあがり。」といって、わけてくれました。あの時は、よかったのに、アメリカにお父さんが、帰ってから、私は、かなしいことが、つづきます。おかねは、時々アメリカから送ってきますが、おかあさんは、すぐ使ってしまいます。〔中略〕
私の一番はじめのお父さんは、朝鮮にいきました。行ったまま、何年もたつのに、帰ってきません。二番目のアメリカに行ったお父さんは、今どうしているのか、おかあさんは、はっきり私に、話してくれません。
友だちが私のよこで、「パンパンの子。」というので、なきました。先生にいいにゆきました。先生が友だちを、よんで話をしてくれました。それから「パンパンの子」といわなくなりました。〔中略〕おかあさんは、パンパンだったのでしょうか。私には、わかりません。［清水・宮原・上田編 1953:157-159］（引用文はすべて原文のままである。）

この作文を書いた円花（仮名）には、日本人ではない「父親」が二人いたことがわかる。朝鮮に行った父親は、おそらく朝鮮戦争に出兵した兵士であると考えられる。母親の花奈（仮名）は、「えき前のうどんやさん」で働いている。円花は「おばさん」に預けられて、花奈と一緒に暮らしていない。そんな円花のことを同級生がパンパンの子と言ったということは、おそらく同級生の親たちの間で、アメリカ人の男性と親密な関係にあってその男性と結婚していない花奈はパンパンであり、その娘の円花はパンパンの子であるという認識を共有しているのだろう。この認識は、子どもたちにも広がっている。

今度は花奈に焦点を移してみよう。この作文は、一九五二年一一月二六日の前後二か月間に書かれた［清水・宮原・上田編 1953:328］ことから、一九五二年小学三年だった円花の生年は一九四三年なので、円花の父親は朝鮮に行って帰ってこない父親でもなければアメリカ人の父親でもない。

とすると、終戦直後の花奈は何らかの事情で円花と二人で暮らしている状況にあったことになる。花奈は家族と絶縁しているかもしれないし、戦争で両親や家族をなくしたかもしれない。いずれにしても、終戦直後の花奈と円花母娘には、頼る身内がいなかったことが浮かび上がる。このような状況で、花奈は朝鮮に行ってしまった男性と親密な関係になったのであろう。花奈に円花という娘がいることを承知して、円花の「父親」になってくれそうな男性を花奈は得たのだ。これが花奈の、円花を育てるための生存戦略であった。円花の作文には、朝鮮に行った父親については殆ど書かれておらず、アメリカへ帰った父親との楽しかった思い出が書かれていることから、円花はアメリカへ帰った父親の方が好きだったと思われる。本国へ帰ったアメリカ人の父親にしても、ときどき本国から金を送金してくるのは、花奈と円花母娘のことを気に留めているからだろう。花奈は、金を持っている二人の外国人と親密な関係になるという生存戦略で、円花とともに戦後を生き延びた。ここでも、実家に頼ることができないシングルマザーの状況が浮かび上がる。「先生には、なんでも、ゆうことができるのです」と作文に円花が書いているように、円花にとって、学校の先生（女性）が第三者のなかで唯一、円花の理解者であった。円花の学校の先生は、花奈がアメリカ人と交際していたことや、アメリカ人が帰国したあとシングルマザーで円花を育てている状況を理解していたと思われる。

この部分が、ドイツ軍に占領されたフランスの状況と決定的に異なる。日本の場合、占領兵と関係しても正式に婚姻しなかった女性のほうに一方的にスティグマを負わされているからだ。この理由として考えられることとして、ボッシュの子の父親とパンパンの子の父親の立場の違いがある。ボッシュの子の父親であるドイツ兵はフランス占領から撤退した敗者であるので、ボッシュの子は敗者の子である。他方、日本を占領した占領兵は勝者であるため、パンパンの子は勝者の子である。言い換えれば、ドイツ兵はもはや敗者となった時点で、ドイツ兵と親密な関係だったフランス女性は、「戦勝者に寝返った女」ではなくなり、「敗者と関係した女」となった。元「戦勝者に寝返った女」は、交際相手が勝者の立場から敗者の立場になったからこそ、彼女たちへの制裁は衆人環視のもと頭髪を丸刈りにされるという苛烈な制裁となった。日本を占領した連合国軍兵士のような「戦勝者」の女は、ここまでの制裁を受けることはない。

ボッシュの子のように、占領兵と日本人女性との間に生まれた子どもたちのことを、ヤンキーの子という認識が世間にあったとしたら、ヤンキーの子の経験の再定義は、パンパンの子の経験の再定義とはまた異なっていたであろう。勝者である占領兵と正式な婚姻の末生まれた子どもは、勝者の子として堂々としていられる。だが占領兵と正式な婚姻をしなかった女性の子どもは勝者の子どもではなく、「勝者に捨てられた女の子ども」という社会からの厳しい視線がある。だからこそヤンキーの子ではなく、パンパンの子であり続ける。したがって、パンパンの子としての経験を当事者自らが語ることで自身を肯定するという経験の再定義が出来ることが必要である。

5. 自らの経験を語ることができるようになるには

パンパンではないことが夫（元占領兵）とのロマンスの語りを社会的に受容される条件となっている間は、占領兵とのロマンスが結婚に至らなかった女性は、別れた占領兵のことを語ることができない。「発話を可能にする条件は、特定の発話を可能にし、そうでない発話を抑制する条件としても作用する」［上野 2018:5］からだ。この場合、第13章でも言及したように、占領兵とのロマンスが結婚に至らなかった女性が公にロマンスを語れば、「元パンパン」というスティグマを社会から負わされてしまうからだ。そのスティグマは、「戦勝者に寝返った女」であり、「娼婦差別」であり、「結婚前の娘」が貞操を失うことに対するスティグマである。と同時に、「勝者に捨てられた女」でもある。「勝者に捨てられた女」はもはや、「勝者の女」ではないので、これまで日本人が抱いていた勝者への怨恨が「勝者に捨てられた女」に容赦なく向かう。パンパンということばには、こうした重層的な差別が絡み合っている。だからこそ、パンパンの子は勝者に捨てられた女の子どもとして、社会に認識されてしまう。

占領兵と結婚に至らなかった女性が、占領兵とのロマンスを公に語れるようになるためには、「注意深く共感的な聞き手の存在」が必要である。このような聞き手の存在が不在という状況は、占領兵と親密な関係にあった女性のことを語る、わたし（たち）の側の責任でもある。占領兵と結婚に至らなかった女性が、ボッシュの子たちにとってヴェヴェールのような、中国山西省の日本軍性暴力被害者にとって石田のような、「注意深く共感的な聞き手の存在」を得たとき、自らの経験の再定義が可能となる。と同時に、パンパンの子の経験の再定義も可能となる。こうした可能性は、占領兵と親密な関係を築いた女性に対する社会の認識が変わっていく契機となるし、占領兵と結婚した女性たちも、他の発話を抑制することのない、新たな経験の再定義が可能となる契機でもあるだろう。戦後七〇年以上たった現在、占領兵と親密な関係だった女性のなかで、自らの経験の再定義が可能な女性はどんどん減っている状況にあるため、一刻も早く、パンパンといわれた女性たちのさまざまな生存戦略に気づくことが重要だ。それは、経験の再定義ができずに亡くなってしまった女性たちの名誉回復のためでもある。

最後に、パンパンと呼ばれた女性たちは、敗戦と占領という二つの大きな苦難を生き延びた女性だということを、ここでも繰り返し述べておきたい。と同時に、彼女たちの生存戦略やエイジェンシーは、占領という圧倒的な暴力に晒された被害女性が生き延びるために必要だったことを、ここに強調しておきたい。

註

（1）事務員には、給仕、給仕、エレベーターガール、病院助手、社長秘書等が含まれている。

（2）加納は歴史学者平井和子が発掘した静岡県駿東郡の「いわゆる混血児童の実態調査について」という厚生省の資料で黄色系が除外されていることを見出し、その理由として、「一見して「占領っ子」であるかどうかだけでなく、「近い人種」との「黄色い」混血児なら「日本人」に包摂可能という判断があったためかもしれない」［加納

2007:239］という重要な指摘をしている。

（3）神戸の小学校に通っていた宮崎みよしさんは、クラスに一人～二人の混血児の存在を記憶している。現在、神戸元町の高架下でカフェとイベントスペースを営んでいる宮崎さんへのインタビューは、二〇一四年から行なっている。宮崎さんには、占領期当時の神戸の状況を近隣の商店街のひとたちに折に触れて尋ねていただき、ありがとうございます。

（4）ふくもとさちこさんとの会話で、この一文の重要性に気が付いた。ふくもとさん、ありがとうございます。

（5）「ドイツ野郎」という訳語は、［クリュゲール 2007］の鹿島茂による推薦文の語である。翻訳では「ドイツ人」と訳されているが、「ボッシュの子」に侮蔑的な含みがある以上、「ボッシュ」の訳語として「ドイツ野郎」という訳語を本書では採用している。小沢君江の訳者あとがきでは「日中孤児の問題」に触れていても、占領兵と日本女性との間に生まれた子については一切触れられていないのには違和感がある。二〇一〇年に小沢によって翻訳された『誇り高い少女』でも、触れられていない。『丸刈りにされた女たち』を著した藤森は、「あとがき」でパンパンについて触れている。

（6）歴史社会学者の蘭信三は、石田の実践を、被害女性／聞き手／支援者の三者による、被害女性を解放するための「新たな物語（モデル・ストーリー）」として、「解放のモデル・ストーリー」という概念を提唱している。と同時に蘭は、モデル・ストーリーがひとり歩きして、それ以外の語りが抑圧され排除される危険性を自覚する必要があることも指摘している［蘭 2018:300, 304］。

おわりに

1．強制的性病検診という性暴力――なかったことにはできない

二〇一七年一月二一日のハンギョレ新聞日本語版で、「米軍基地村『慰安婦』に国家が賠償すべき」という記事が掲載された(1)。本書を執筆している最中のニュースだ。結論から先に述べると、国（韓国）は米軍基地村「慰安婦」被害者に対して損害賠償をすべきとする裁判所の判決が下された。裁判所は国家が性病の管理のため、彼女らを隔離施設に強制収容したのは違法だと判決した。具体的には、隔離収容の対象となる伝染病を明示した施行規則が制定された一九七七年八月より前に、性病専門病院に隔離し収容された米軍「慰安婦」被害者五七人に対する国家の賠償責任が認められたということだ(2)。さしずめ日本の占領期の話でいうと、一九四八年七月一五日に公布された性病予防法が成立する以前に、キャッチ（検挙）で有刺鉄線の病院に隔離入院させられた女性の強制収容は違法行為だという話となる。

この判決そのものが画期的であるのはもちろん、米軍基地村の女性たちが訴えたことも画期的だ。残念ながら、現在の日本では考えられない話である。

日本の性病病院において、収容された女性たちは患者というよりも「犯罪者」のような扱いを受けていたことは、前著『パンパンとは誰なのか』で詳しく説明した。そしていまだに日本社会では、占領期のキャッチや強制的な性病検診のことを知る者は少ない。

かつて神戸市には、市立の性病専門病院がいくつかあった。そのひとつが神戸市立東山病院である（これ以降、東山病院と記する）。東山病院は、性病を含むさまざまな伝染病を扱う総合病院だった。『東山病院史』［堀監修、佐藤編：1956］には一八八九年（明治二二年）～一九五六年（昭和三一年）の病院の歴史が掲載されており、一〇年間の病院史をわずか四ページに圧縮して書かれている。占領期を含む第五章「昭和二〇年より昭和二九年まで」には、腸チフス、ジフテリア、赤痢、コレラ、日本脳炎については、たとえ一行であっても記述がある。たとえば、「防疫として昨21年のはなはだしい発疹チフスの流行に鑑み、米進駐軍の厳命に基づきDDTの広範かつ大量散布による浮浪者その他の虱の徹底駆除をはかった」という具合である。だが、占領期の性病のことは、病院史ではひとことも触れられていない。占領期には野犬狩りのようなキャッチトラックが日本中を走り回っており、神戸市も例外ではない。兵庫県は一九四九年三月一日に、厚生大臣へ国庫補助として性病予防補助申請を行なっている。一九五〇年に兵庫県衛生部総務課が発行した『二四年度国庫補助に関する綴』によると、申請した補助金の項目は、性病病院費、強制健康診断費、接触者調査費、性病治療費、思想普及費、委託入院費である。ここで「強制健康診断」とは性病予防に関することなので、強制的性病検診のことである。この資料が示しているのは、とりもなおさず「強制健康診断」という名目で、国を挙げて強制的性病検診が実施されていたことだ。にもかかわらず病院史には、性病についての記載はない。『兵庫風雪20年』には、「性病を持つものは東山病院四階の収容所に強制入院させた」［岩佐 1966:155］という記述があるように、東山病院は四階が性病の病室だった。岩佐が「収容所に強制入院させた」という表現を使っていることから、韓国同様、日本でも占領期の性病専門病院は、「収容所」だった。新聞記者だった岩佐なら、実際に病院をみてきたにちがいない。さらに、他の伝染病で当時東山病院に入院したことのある、宮崎みよしさん（当時小学生）からも、東山病院には性病の病室もあったという話をうかがった。

占領期に性病治療がおこなわれていたこと、そのものが伏せられているということは、占領兵と親密な関係にあった日本女性の出会いの空間であるコンタクト・ゾーンにおける、権力者からの抑圧や強制、それに加えてこうした抑圧や強制に対する彼女たちの抵抗や交渉の痕跡すら、なかったことにする行為である。さらに、性病治療に連動する中絶、出産、養子縁組等についても、すべて伏せられているということにほかならない。腸チフス、ジフテリア、赤痢、コレラ、日本脳炎と異なって性病の検診およびその治療は、占領兵と関係したと当局によって疑いをかけられた占領地女性に強制的に行なわれたものである。この事実を記録することは敗戦国日本の病院の観点からすると、占領兵相手の「娼婦」であり「戦勝者に寝返った女」である女性たちの検診治療をさせられたという、「屈辱的」な歴史を記録に残すことになるとでも思ったのだろうか。もしかするとそれゆえに、彼女たちの検診や治療を行なった歴史は、病院史には記載されなかったのかもしれない。だが、病院史から性病治療の記録を抹消する行為は、占領期の日本女性への虐待の記録をなかったことにする行為にほかならない。

病院史から性病治療の記録が抹消されているということは、性病罹患者を探すために有無を言わさず占領地女性の局部検診を行なった事実も、なかったことにする行為である。この局部検診がいかに性暴力的な検診だったかを歴史学者の平井和子は、国会議員藤原道子の指摘から見出している。藤原は、御殿場の検診で米軍医が「ビール片手に卑猥な談笑」をしながら直接検診を行っていることを指摘し、衛生官以外の米兵も立ち会っているのをやめてほしいと要望していた［平井 2007:103］。ミュールホイザーは、ドイツの軍占領地で実施された性病検診の検査内容について、「医療職員は想定される皮膜の変質と腫れを確認できるように、内外からヴァギナを触診していた。医師はその上大抵、採血のみならず粘液を採取し、女性の性的遍歴について尋問した」という資料［Meinen2002］を参照にしながら、「多くの女性にとって、この検査はおそらく大変不愉快な手続きだっただろう」［ミュールホイザー 2015:112］と指摘している。

このように占領期の強制的性病検診や治療は病院側にとって負の記録であるがゆえに、その記録を抹消したのかもしれない。だが繰り返すが、有無を言わさず検診治療を受けさせられた女性にとって、なかったことにはできない。

だからこそ、韓国の基地村の女性たちの訴訟は、強制的性病検診を受けさせられた日本女性にとって勇気づけられるであろうし、強制的性病検診は占領地女性にとって性暴力にほかならないことを、今一度世界中に伝える効果がある。

2. 占領軍慰安施設、占領軍兵士との関係、混血児——比較史の視点

本書では、第二次世界大戦中のドイツ軍の占領地域と占領地日本とを比較したからこそ、見出せたことをおもに三点あげよう。一点目は占領軍慰安施設、二点目は占領軍兵士と占領地女性との関係、三点目は占領軍兵士と占領地女性の間に生まれた子どものことである。

まず、占領軍慰安施設についてだが、日本の場合GHQ相手の占領軍慰安施設は一種類しか存在しなかったのに対し、ドイツ軍の場合国防軍専用売春施設と強制収容所内売春施設との二種類存在した。

なかでも強制収容所内売春施設で強制性労働を強いられた女性は、強制収容所内のみならず強制収容所が解体されたあとの時代になっても、いまだに「娼婦差別」を被っている［姫岡 2018］。具体的には強制収容所内では、「他の囚人女性たちも売春婦だと考えられた女性に偏見を抱き、収容所のヒエラルキーで底辺に置かれているのを当然視していた」［姫岡 2018:239］。また、ナチ迫害の犠牲者の記憶で肯定的

な位置を占めていた家族は、性暴力被害の場合は抑圧的に作用することが多く、夫に収容所での体験を告げた女性は夫から生涯非難され続け、夫の死後も独り身のまま口を閉ざしてしまった人もいるし、ある女性は恥ずかしさを理由に、母や子どもたちにも黙っていたことを、姫岡は明らかにしている［姫岡 2018:244］。強制収容所内売春施設で強制性労働をさせられた女性は徹底した「娼婦差別」のもとに置かれたが、この売春施設の応募自体、「売春」を根拠に収容所へ送られた女性を真っ先に性労働に従事させようとしていた点は、日本の占領軍慰安施設と同じ発想である。どちらも「娼婦」は「商品」扱いである。

次に、ドイツ軍の占領地フランスでドイツ兵と親密な関係になった女性について、ロバーツはスティグマを負わされた女性が二種類いたことを明らかにしている。ドイツ軍が撤退した時期に元ドイツ兵の恋人だったという理由から頭髪を丸刈りにされる制裁を受けた女性と、解放軍兵士と親密な関係になるとボニシュ（お手伝いの蔑称）と呼ばれた女性である［ロバーツ 2015:169］。なかでもボニシュは、戦後の特殊な状況から誕生したことや解放軍兵士である米兵と恋人や「フィアンセ」として交際することを選んだ「良家」の子女であることも多かったという事実は、日本のパンパンと呼ばれた女性たちと同じである。ロバーツ自身もパンパンとボニシュを類似例比較している［ロバーツ 2015:169］。

丸刈りにされた女性たちのその後については、藤森が明らかにしているし［藤森 2016］、クリュゲールやラルロドの自伝等でも明らかにされている［クリュゲール 2009, ラルロド 2010］。なによりもフランスでは、「全国戦争児友好会（ANEG）」が二〇〇五年に設立され、ドイツ兵とフランス女性の間に生まれた子どもたちの団体ができている。

三点目の占領軍兵士と占領地女性の間に生まれた子どもについて、子どもに付与された蔑称の違いの考察は、比較という視点なくしてはできなかったことだ。ドイツ兵と占領地女性の間に生まれた子は、ボッシュ（ドイツ野郎）の子と言われているのに対し、米兵と日本女性の間に生まれた子は、パンパンの子と言われ、決してヤンキーの子というような呼ばれ方はしていないことが、フランスの事例と類似例比較をすることで認識できた。パンパンの子と言われるのは、本書第14章で明らかにしたとおり、母親の立場に関わっている。母親は、「戦勝者に寝返った女」であるのはもちろん、「占領兵と売春した女」、「結婚前に貞操を失った女」「戦勝者に棄てられた女」、という重層的な差別によって社会から一方的にパンパンとスティグマ化された女性である。彼女たちは、勝者と関係しても結婚に至らなかった女性であるため、社会は子どもを生ませた父親の責任を問おうとしない。したがってその結果できた子どもたちは、パンパンの子とみなされるのだ。ボッシュの子の場合、父親が勝者から敗者になってフランスを追い出された兵士の子どもである。だからこそ、パンパンの子たちは、ボッシュの子たちが自らの経験を語るより困難であることを、ここでも繰り返し指摘しておきたい。

本書では、ボッシュの子たちが自ら封印してきた経験を肯定的に語ることができたことにヒントを得て、占領兵と交際しても正式に婚姻しなかった日本女性が占領兵とのロマンスを公に語ることができるために何が必要かを見出すことができた。ボッシュの子たちは「注意深く共感的な聞き手の存在」が現れたからこそ、自らの経験を語ることができた。婚姻に至らなかった日本女性が占領兵との関係を語り始める条件として、彼女たちにも「注意深く共感的な聞き手の存在」が必要である。彼女たちの「注意深く共感的な聞き手の存在」になるためには、彼女たちのことをパンパンとスティグマ化して放置してきたわたし（たち）の意識が問われている。

3．希望の語り

「注意深く共感的な聞き手の存在」以外にも、婚姻に至らなかった女性が占領兵との関係を語り始める可能性を三つ挙げよう。本書に登場した菜乃花の語りと、占領兵と交際する女性をサポートしていたテルヨさんの語り、そして最後は「夜の女」といわれた女性たちと笠置シズ子の交流、そしてその交流を報じる新聞記者の視線である。

(1)占領兵とのロマンスを応援した菜乃花の入院先の病院長

うえの式質的分析法は、「自分の狭い視野を越えた想定外の発見によって、きもちよく裏切られる」［上野監修、一宮・茶園編 2017:6］分析法だが、その事例を挙げよう。本書第4章3「占領兵のみならず病院の事務長をも虜にする菜乃花」の事例が、これにあたる。

菜乃花が性病で長い間入院しているときに、交際相手の占領兵は本国へ帰ってしまった。これ自体は、よくある話だ。菜乃花の事例分析に入る前、わたしにはある仮説があった。それは、占領地女性が状況をコントロールできるのは、出身階層の高い女性に限るという仮説である。この仮説は、六三名の事例分析で終盤のマトリックス(3)を作成した時点での仮説だった。マトリックスとは、本書の恋愛の生存戦略で掲載した表①と結婚の生存戦略で掲載した表②のような二次元平面のことである。ここでは菜乃花が出ている表①を今一度提示しよう。

表①を手がかりに、占領/被占領という圧倒的な権力の非対称の関係があるからこそ、被占領者である日本女性に学歴/金/コネ/美貌といった資源が多ければ多いほど、資源がない女性よりも占領兵との交際は優位にあるのではないか、という仮説を立てた。

だが菜乃花の語りを注意深く読み返してみると、この仮説にあてはまらなかった。菜乃花の学歴は小学四年修業のため、第4章でも説明したとおり、菜乃花の記述は平仮名が多く文章もつたない。さらに出身階層も低い。すなわち学歴／金／コネ／美貌といった資源が少ない女性であった。このような菜乃花が映画館で仕事をしているときに、映画館にやって来た占領兵と恋仲になった。その後まもなく、菜乃花は性病で平安病院に入院するが、菜乃花の彼は毎日、見舞いに病院にやってきた。彼は二か月に一回、五円を菜乃花に渡していて入院している菜乃花のために、「チョコレイトに、シガレットに、パンにバタにしよくじも、はこんでくれました」。二人のこうした関係は、占領兵が帰国するまで続いた。当時の性病専門病院は、入院女性が「脱走」しないように厳重に管理されていた［茶園 2014］。ところが菜乃花の場合、占領兵

表① 占領兵と恋愛する積極性を示す占領地女性の特徴

	名前	年齢	学歴	金	コネ	美	月収	前職業	現住所
A	花音	20	県立高女卒		○		不明（交際相手は高級将校）	神戸市E局事務員	左京区
	蘭	27	女子商卒		○	○	2万円	N毛織事務員、ダンサー	左京区
	かりん	25	女学校中退	○	○	○	2万円の稼ぎをやめさせられ同棲	クラブ勤務	上京区
	ユキコ	19	小学校卒				3万円	戦時中N電池社員→洋裁	東九条
	椿	19	小学校卒芸者の資格			○	3万円	無職	左京区
	アイリス	不明	師範学校卒？				不明	教員	左京区
B	かえで	21	不明	○	○	○	1万5000円	大映女優→PX勤務（現）	左京区
	凛	34	女学校中退			○	1万円	ダンサー喫茶店員兼務（現）	左京区
	木蓮	20	実業女学校教師資格		○	○	4万5000円	ダンサー（現）	京都府
C	アキ	17	小学校卒				7000円～8000円	帯揚げシボリの内職	伏見区
	あさ	19	女学校中退	○	○		3万円～4万円	赤十字病院看護婦	左京区
	さつき	22	女学校卒		○	○	1万円（黒人兵）	ダンサー	伏見区
	夏子	20	女子商卒			○	6000円	キャバレー	四条
	菜乃花	21	小学4年				2か月に1回5円+ドレス装飾品食事	映画館	左京区
D	秋子	22	不明			○	日本貨で必要なだけ	ダンサー（現）	東山区
	ゆず	20	学院卒	○		○	2万5000円	エレベーターガール	左京区

※宗教には言及していないのが特徴のひとつ
A：占領地女性と同棲して疑似結婚生活を作り出している
B：女性も何らかの仕事をしている
C：女性は無職で占領兵から毎月もらう金で生活している
D：交際相手の帰国時に交際相手から友人の占領兵を紹介される

が帰国する日、病院の事務長公認で、占領兵を最寄り駅まで見送ることができた。六三名の女性のなかで、もしかすると権力から一番遠い位置に存在している菜乃花が、占領兵と病院の事務長といった立場の異なる二人の権力者側の人間との相互作用で、結果的に場をコントロールする行動を行なっていた。うえの式質的分析の醍醐味は、想定した予想が「きもちよく裏切られる」ことにあるが、マトリックス分析を終えたわたしも、菜乃花の生存戦略にきもちよく裏切られてしまった。マトリックス作成時には、予想できないことだった。占領兵と病院の事務長といった立場の異なる二人の権力者側の人間との相互作用で、菜乃花という被権力者の立場にいる女性が結果的に場をコントロールする行動を行なっていたという想定外の結果は、婚姻に至らなかった女性が占領兵との関係を語り始めることができる希望の語りである。

(2) 占領兵と交際する女性をサポートしたテルヨさん

次に、カズさんが語ってくれた母親のテルヨさんの行動も、希望が見いだせる語りである。野犬狩りのようなキャッチが実施されていたことについて、占領期を知るカズさんは「見たこともない」と答えた。テルヨさんは占領期に左京区で、今は知らない人もいないほどの「名店」といわれているラーメン店を屋台から立ち上げた女性である。店を構えるようになって、テルヨさんの店には占領兵や占領兵と交際する女性のほかに、税務署員から警察官に至るまで、さまざまな人たちが客として集った。故美空ひばりも少女の頃に店に立ち寄ったことを、同年代のカズさんは今でも覚えている。

カズさんからうかがった、テルヨさんの興味深いエピソードがある。テルヨさんは、「ワイロ」のラーメンを、性病検診のトラックでやってくる警官にときどき振る舞っていた。一杯のラーメンが功を奏したのか、カズさんの店の前に性病検診のトラックが止まると、あちこちから「おねえさん」たちが集まってきて、自主的にトラックに乗り込んで、「行ってくるねー」とトラックの荷台からカズさんに手を振った。カズさんが野犬狩りのようなキャッチを見ないで済んだのも、テルヨさんの一杯のラーメンという「ワイロ」が功を奏した結果かもしれない。独身時代福岡で看護婦だったテルヨさんは、ときどき、占領兵と交際する女性たちの親に内緒で、中絶手術の介添えも行った。京都新聞社の前身である京都日日新聞社の記者でもあったテルヨさんは、彼女たちの相談相手だった。このとき、テルヨさんの店が、コンタクト・ゾーンであり、テルヨさんは占領兵と交際する女性と占領兵との間をとりもつ「中間者」でもあった。(4)

菜乃花やテルヨさんの事例から注目したいのは、性病病院の事務長やテルヨさんといったひとたちが、占領兵と性的コンタクトをとる日本女性に便宜を図る行動を行なっていたことだ。占領兵と性的コンタクトをとる女性たちは、あるときは占領兵の力を利用したり、またあるときは、占領兵の予想外の行動にでたりすることで、占領期を生き抜いた女性たちである。こうした女性の行動に目を留めることで、彼女たちを取り巻く人たちのなかにも、彼女たちをサポートしていた人たちがいたことが浮かび上がる。西川は、西川自身が共同体から共同体へ、職場から職場へ移動するたびに、新参者の困惑に助けの手をさしのべる人たちに共通性があることを見出している。それは、「困っている人に最初に声をかけるのは、それぞれの共同体の中で、何らかの理由で自分自身が異邦人的だと感じる人たちであったように思う。占領期の京都には、居場所を定めることができないでいる人間、所属がないと感じる人々が他の時期よりも大勢いた」［西川 2017:76-77］ことだ。広島生まれのテルヨさんは、福岡で看護婦として働いたのち京都に出てきて、京都市内でタクシードライバーになったあと、京都日日新聞社の記者になった。新聞記者のときに結婚してカズさんが生まれたあとも、記者の仕事を続けた。敗戦後、屋台のラーメン屋を立ち上げたものの、雨の日は営業ができなくて困っているときに、近所の人が空き家を店舗として貸してくれたという。テルヨさんが占領兵と交際する女性たちの相談相手になっていたのも、テルヨさん自身、「異邦人的」だと感じていたからかもしれない。菜乃花に便宜を図った病院の事務長も、もしかすると自身を「異邦人的だと感じる人たち」の一人だったかもしれない。

パンパンといわれた女性をサポートしていたひとたちは、他にも多数いたであろう。[5] わたしたちはこれまで、テルヨさんのようなひとのことを気に留めてこなかったのではないだろうか。そしてこのことに気づいていくことも、パンパンといわれた女性たちが自らの経験を語り始める上で重要であると考える。

(3) ブギの女王笠置シズ子を慕う「夜の女」たち

笠置シズ子は、「夜の女」といわれた女性たちに慕われていた。世間ではパンパンといわれた女性たちである。一九四九年五月三〇日付読売新聞には、「シーちゃんしっかり　笠置に送る花束　ブギの女王と夜の女たち」というタイトルの記事が掲載されていて、日劇での笠置のステージのフィナーレに、笠置は彼女たちから大きな花束を贈られたことが報じられている。彼女たちのリーダー格の「ラク町おとよねさん」(これ以降、およねさんと記す)から大きな花束を渡されて舞台衣装で微笑む笠置と、およねさんの二人の写真が掲載されている。およねさんたちが笠置に花束を贈ろうとしたきっかけは、その一〇日ほど前にさかのぼる。有楽町、横浜、大宮の「夜の女」たちが久しぶりに笠置の日劇出演を伝え聞き総勢七〇名が声援にかけつけたところ、笠置は前日に熱唱のあまり舞台からオーケストラ・ボックスに落ちて休演となった。翌日二八名で改めて笠置の公演に劇場を訪れると、劇場には笠置の共演者の灰田勝彦の花輪ばかりで、舞台の最後でも灰田に花束を捧げる女性はいても笠置にはだれもいなかった。そこでおよねさんの呼びかけで、笠置に花束が贈られることになった。

笠置がいかに人情に厚い人物であるかについて記事は、笠置が九州から浮浪児を連れ帰り世話をしているときに、エノケン（榎本健一）が浮浪児を引き取ったというエピソードを紹介している。笠置の場合、笠置が一方的におよねさんたちを支援するのではなく、笠置とおよねさんたちの間に相互支援[6]が成り立っている点が特徴だ。ここでいう相互支援とは、情に厚い笠置がおよねさんたちに心を込めて唄を歌い、およねさんたちが笠置のコンサートに来るという支援である。笠置は、「毎日二、三十の人たちが団体で見てくれはりますが、そのお金がみんな血の出るような尊いものなんで泣けてしょうがおまへん」と語っているように、およねさんたちは生活費の一部を笠置のコンサート代にあてている。およねさんたちがそこまでして笠置のコンサートに駆けつける理由は、「子どもを抱えて女手一つで生活をつづけている笠置の境遇はいたく彼女らの同情を集め、笠置を日本一の歌手にそだてあげようというのが彼女等の悲願」と記事にあるように、占領期の日本社会でシングルマザーとしてがんばっている笠置の状況の大変さをおよねさんたちは知っているからにほかならない。

さらにこの記事のほぼ一年後の一九五〇年六月一三日付毎日新聞には、「姉ちゃん元気で　笠置シズ子を送る夜の女達」と、ハワイ経由で渡米する前に日劇で送別特別リサイタルが行なわれたことが報じられている。笠置のファン三千数百名の中で、「笠置を姉と慕い美しい友情で結ばれている有楽町初め上野、新宿、池袋等のナイト・エンゼル約三百名は早くから予約していたかぶり附きに要領よく陣どって始終黄色い声援を送り心をこめた花束を贈呈」と報じられている。新聞には、顔が隠れるほどの大きな花束を抱えて舞台に立つ笠置とその笠置に握手をしようと大勢の女性が集まっている写真が掲載されている。キャプションには「写真は笠置シズ子に花束を贈る夜の女たち」となっており、女性に囲まれた笠置の周りには男性はいない。

「夜の女」や「パンパン」に関する批判的な記事が多い中、この二つの記事の特徴は、笠置の元へ集う「夜の女」たちに好意的な記事の書き方をしていることだ。最初に紹介した読売新聞の記事は、「彼女〔笠置〕はまたとかく世間から冷い眼で見られがちな夜の女たちに温かい同情を寄せるので彼女らからも敬愛されそのほほえましい交情が初夏のステージに話題を投げている」と報じている。毎日新聞の記事では、「パンパン」という表現は使わずに、「ナイト・エンゼル」という語を使っている。

およねさんたちと笠置シズ子の交流を報じる新聞記者の視線には、暖かいものがある。およねさんたちに好意的な新聞記事は、笠置という「中間者」がいたからこそ成立したといえよう。笠置のステージは、およねさんと新聞記者とをつなぐコンタクト・ゾーンの役割を果たしている。笠置のように「中間者」でもあり相互支援者でもある存在も、パンパンと言われた女性たちが経験の再定義をする上で重要な存在である。

4．「空白の輪郭らしきもの」——残された課題

西川の『古都の占領』の終章は、次のような語りから始まる。

改めて全体を振り返るとき、結局、わたしは占領期京都の何を知ることができたのだろう。多くのことがわからないままである。何がわからないかがわかっただけ、なのかもしれない。資料の空白、空白の輪郭らしきものがようやく見えてきた。空白を安易に読むことは許されない。しかし空白があることがわかったからには、空白の輪郭を描くまでの努力をしなければならないであろう。〔西川 2017:323〕

本節のタイトル「空白の輪郭らしきもの」という表現は、西川の言葉から引用している。というのも本書で占領兵と占領地女性の関係をレイプ／売買春／恋愛／結婚というテーマで考え続けていくと、存在しているはずなのに、「資料の空白」部分があったからだ。ここでは五点に絞って、順を追って各々の「空白」の「輪郭」をなんとか描けたらと思う。

(1)占領地日本の女性の多様性と複雑さ

「竹田の子守唄」を歌い続ける「紙ふうせん」というフォークデュオがいる。平山泰代と後藤悦治郎である。二人は夫婦で一九七四年に「赤い鳥」を解散し、「紙ふうせん」を結成して今日に至る。二〇一〇年一月一九日付朝日新聞「(ニッポン人脈記) 差別を越えて：1　私らの「竹田の子守唄」」には、平山や後藤が「竹田の子守唄」をどのような思いで歌い続けているかが語られている。

「この歌は私たちの体の中を通った歌です。だから、聴いてくれる人の体の中も通っていくとおもうんです」(平山)、「竹田の子守唄は守り子一人ひとりの独り言。フォークソングの原点で、ぼくらの原点なんです」(後藤)。

「守り子一人ひとりの独り言」と後藤が言うように、「竹田の子守唄」は、「守り子のつらさや嘆き、自らへの励ましを込めた労働歌だった」と、京都市の被差別部落に住む女性は言う。

ジェンダーとレイシズムにこだわりつづけアクティビストでもあった山根実紀によると、被差別部落の少女たちには、「根深い部落差別」［山根 2017:14］があった。具体的には、労働条件は劣悪でも、賃金支給や宿舎が設けられている紡績工場に雇われることもなく、生活を助ける口減らしとして子守が続けられたことだ。子守唄は、五歳から一〇歳くらいまでの子守をしていた少女たちが集まって、「泣き止まない赤ん坊への怒りや、主人への不平不満や、嘆きを込めて」［山根 2017:14］口ずさまれた唄であることから、少女の「労働歌」であるといえよう。

「紙ふうせん」の後藤は、当初、竹田がどこにあって、どんな背景を持つ歌か知らなかった。三〇年前、元唄を歌っていた女性を公演に招いたとき、「部落の恥をさらすことになるので、もう歌わないでほしい」と言われた。だが今は違う。「その歌が被差別部落の人たちの誇りとなって、合唱団で歌われる。うれしいですね」と、「竹田の子守唄」を歌い続けた変化を二人は実感している。「竹田の子守唄」は三〇年間「紙ふうせん」が歌い続けた結果、被差別部落の女性は、経験の再定義ができたのである。

本書でとりあげた六三名のなかには、少女時代に「竹田の子守唄」を歌って子守をしていた女性がいたかもしれない。もしそうであれば、彼女にとって占領兵との交際は「根深い部落差別」からの「解放」を意味しているかもしれない。だが六三名の女性の語りからは、少女時代に「竹田の子守唄」を歌って子守をしていた女性がいたかどうかは「空白」である。

西川は、「占領期に「日本の国籍を有しない者」の中に、長年のあいだ京都に住む旧植民地出身者、つまり在日コリアン等の人々がふくまれているのだろうか」［西川 2017:108］と疑問を呈している。なぜなら、「関西の学校には、一クラスに一人か二人は朝鮮半島からの「引揚児童」がいて、それとほぼ同数、あるいはそれ以上の数の「在日コリアン」の児童がいた(7)」［西川 2017:280］からである。この部分についても、六三名の女性の資料は「空白」だった。

占領兵と関係を持つ女性に「空白」の経験があったとしても、そして現時点では、「空白を安易に読むことは許されない」状況だとしても、「竹田の子守唄」を歌い続ける「紙ふうせん」や、「竹田の子守唄」に被差別部落の少女の「重くのしかかる歴史を背景とした怒りや嘆きを込めた小さな抵抗」［山根2017:14］を見出した山根、占領期の関西の学校で「在日コリアン」児童の存在に注意を向けた西川をみると、「空白」の経験が「空白」でなくなる可能性を秘めている。もはや戦後七〇年以上もたっているため、彼女たちの「空白」の経験は埋まることもないまま誰もいなくなってしまうかもしれない。だが、「空白」の経験のある女性がいたことを意識するだけでも、わたしたちは、「紙ふうせん」や山根、そして西川と気持ちを分かち合うことができるのだ。これこそが、コンタクト・ゾーンを生き延びた女性たちの生存戦略を見いだすことにつながるだろう。

(2) 占領兵の人種の多様性と複雑さ

「占領期の日本地図には軍事基地など軍事機密にかかわる場所が白抜きにされていた」［西川2017:323］と西川は指摘している。占領期京都の地図上の目に見えない「空白」のことであるが、この「空白」は京都だけではない。本書でも何度も言及したように、日本の占領はＧＨＱの言論統制で新聞や雑誌、そして資料が検閲された時代でもあった。本書に関することで言えば、『街娼』の六三名の女性の語りもＧＨＱに検閲されており、交際相手の占領兵の部分は伏字にされた。占領兵の部分が伏字であるかぎり、交際相手の人種も「空白」である。

白人兵や黒人兵だけでなく、占領兵には日系兵士も存在していた。とくに日本占領におけるＣＩＣ（対敵諜報部隊）は日系二世で構成されていた。歴史学者の竹前栄治によると彼らは、「語学力と皮膚、顔貌の類似性を生かして、日本人からすべての領域にわたって徹底的に情報を収集した」［竹前1983:106］。だからこそ西川の「占領期には住民から隠さなければならない諜報活動がつづく。調査者たちは情報収集の過程で住民たちと接触しなければならない。積極的に、あるいは全く知らないで情報提供を行った住民およびインフォーマントがいたはずである」［西川 2018:349］という指摘は重要である。占領兵が白人でも黒人でもない日本人に外見が似た日系兵士と、親密な関係になる日本女性もいただろう。むしろ容貌が似ている日系兵士のほうが、親近感が湧く女性も多かったかもしれないし、交際を認める親も白人兵や黒人兵より多かったかもしれない。だがその日系兵士は、情報を引き出そうと意図的に日本人女性に近づいて「恋人」関係になってコンタクトをとっていたかもしれない。安冨によると、占領期に軍属を含む占領兵と結婚した日本女性は、八三八一人いる。人種的な内訳は、白人七二%、日系二世一五%、黒人一二%となっている［安冨 2005b:208-209］。日系兵士と結婚した女性のほうが黒人兵と結婚した女性よりも多いということは、婚姻に至らなかった女性の数はもっと多いだろうし、混血児の数も黒人兵との間に出来た子どもよりも多いという推測は成り立つ。(8)

このように考えていくと、本書第14章の注3で、厚生省の混血児調査で黄色系が除外されている理由について加納の、「黄色い」混血児なら「日本人」に包摂可能という判断があったかもしれないという推測のほかに、黄色系の混血児の父親にCIC所属の人間がいたために調査表から除外されたという推測も成り立つ。だが黄色系混血児のことは、「空白」である。

占領地の日本において歴史学者岡田泰平が「日本人の中の人種的カテゴリーと他者の様々な人種的アイデンティティとを突き合わせ考察することが求められている」［岡田 2017:87］と指摘しているように、占領兵と一口にいっても、白人兵、黒人兵、日系兵士と親密な関係になる日本人女性をみる日本人の視線は、それぞれ異なっていたであろう。日本人の視線が異なれば、占領兵と親密な関係になる日本人女性の経験も本書で明らかにした以上に多様であるだろう。

(3)ドイツ女性と交際した占領兵の人種の「空白」

一九五二年五月七日付『毎日新聞』に「厳しい差別待遇　見捨てられる黒い皮膚の子四千　ドイツの混血児問題」という記事が掲載されている。内容は連合軍兵士の白人兵とドイツの女性に間に生まれた子どもについては白人同士であるために、「さほど問題になっていない」とし、東ドイツにおけるソ連兵士、米軍の黒人部隊、そして「フランス人が連れて来たモロッコ人等」とドイツ女性の間にできた混血児について、「相当な問題となっている」と報じている。西ドイツには黒人、モロッコ人等とドイツ人女性の間に出来た「黒白混血児」は内輪に見積って約四〇〇〇人いるという。そしてこのような白人兵ではない兵士の混血児たちの大多数は、「世間をはばかる母親」によって、ひそかに孤児院や託児所に送られ養育されている。しかし、大戦終了後すでに七年たち、この混血児たちが学校へ通う年齢になってきたので「問題は面倒となった」と報じている。とりわけドイツでは黒人差別が激しかったことを報じ、占領兵の最初の混血児たちが学童期になる時期に、日本と同様のことがドイツでも注目されていたことを新聞は取り上げている。

新聞では、ドイツの人種主義の考え方を取り上げ、表向きには差別待遇はしないとされているが、一般の人々の間で有色人種は一段劣等と考えられていることに触れている。具体例として、特に南ドイツの小都市や田舎では、子どもや労働者からの差別、託児所でも家庭でも黒人の混血児はとんでもないと引き受けを拒否するところも少なくない。また、毎日自分の皮膚が白くなりますようにと神に祈っている混血児の写真が雑誌に掲載されたこともあったという。正式に結婚した黒人の父親と白人の母親を持つ子どもは一〇％にすぎず、九〇％は黒人の父親はすでに米国に引き揚げている。白人の母親の陳情に対して米国当局は一般男女の個人的な問題として、不干渉の方針をとっている。記事は、白人の小学校が白眼視されている有色人種の混血児を引き受けるかどうかが問題となっていることを指摘して終わっている。

米軍の占領となったドイツは日本以上に、白人の混血児と黒人の混血児への差別が露骨であったことが記事から伝わっているが、アジア系の混血児のことは「空白」になっている。[9] ドイツでも日本同様対敵諜報活動が行われていたとしても、日本のように日系兵士を諜報活動に使うことは考えにくいので、黄色系の混血児のことが報道されないのは、日本側のほうの問題であるといえよう。

今後、黄色系の混血児のことも視野にいれて、占領期のヨーロッパとアジアの比較研究を進める必要がある。

(4) フランスの「ボニシュ」と呼ばれた女性とその子どもたちについて

フランスには解放軍兵士と交際する女性「ボニシュ」と呼ばれた女性たちがいたことは本書で繰り返しのべたが、本書では十分に考察できなかったことがある。それは、ボニシュと呼ばれた女性たちのその後の人生やボニシュの子どもたちの経験と、彼女たちのことをフランスの人々はどのようなまなざしでみていたのかということだ。パンパンの子のように、「ボニシュの子」はスティグマ化されていたのだろうか。ボニシュといわれた女性の経験やその子どもたちの経験を、パンパンといわれた女性の経験との比較で今後さらに考察する必要がある。と同時に、ドイツ人の父親をもつボッシュの子についても、母親の人種を考慮せずにボッシュの子なのか否かを、検討する必要がある。[10]

「当事者の声を何らかのかたちで奪っていることに自覚的であること」［成田 2018:280］を肝に銘じた上

で、今後、アジアやヨーロッパ各地域の戦間期〜占領期ジェンダー研究者との共同研究や意見交換を活発に行なうことが重要だ。

(5) 女性兵士／軍属の占領地女性への影響

最後に、占領地日本にいた女性兵士／軍属についても、本書では看護婦として日本へやってきたバージニア・オルソンしか、取り上げることができなかった。

写真①〜④の四枚の写真の米女性のファッションに注目しよう。現物の写真はカラー写真である。一枚目の写真のオープンカーは青で、車に乗っている女性たちはそれぞれカラフルな服を着ている。運転席で立ち上がっている女性は、赤のジャケットと水色のコートという組み合わせだ。他の女性たちも、運転席の女性に負けないほど、鮮やかな色の服を着ている。二枚目の写真は船に乗っている写真だが、真ん中の女性の赤のベレー帽はインパクトがある。三枚目の写真で右側の女性は、白地に赤の刺繡のワンピース、ワンピースと同柄のスカーフを頭に巻いて、サンダルも赤である。左の女性は、白いワン

写真①

写真②

写真③

写真④

ピースに黒のベルト、黒の上着を左手に持っている。四枚目の写真は、左の女性から茶色のスーツ（制服かもしれない）、緑色のスーツ、赤のコートに水色のスカートで青のスカーフを頭に巻いている。いずれもすべて華やかな色づかいである。そしてこの三人の外国女性のことを、着物を着た日本女性たちが右側で身を寄せ合って見つめている。印象的なのは、三人の外国女性は微笑んでいるのに対し、彼女たちを凝視する日本人女性たちの表情は固い。

この四枚の写真に共通しているのは、必ずスカーフを頭に巻いている女性がいるということだ。以前、スカーフを頭に巻いているパンパンといわれた女性たちの写真をみたことがあるが、写真①～④をあらためて見ると、彼女たちのファッションは、米国からやってきた女性たちのファッションに影響を受けているのではないかと思う。スカーフなら、布一枚でさまざまなおしゃれができるし金もかからない。着物の端切れを代用すれば、米国にはない柄でおしゃれができる。

六三名の女性たちには、洋裁を習っていると語っている女性も多かったことや、本書第七章で登場した「雑誌は「スタイル」とか「美貌」などを読みます」と語った夏子（二〇歳）のように、ファッションに関心のある女性たちが多い。彼女たちは、写真①〜④のような米国の女性たちを、日常生活のなかで見ていたであろう。また、米国出身女性たちの行動に、影響を受けた日本女性もいただろう。とりわけ、写真①のように女性だけでオープンカーを乗り回している姿は、日本女性のなかで好奇心旺盛な女性の眼を奪っただろう。占領兵との交際に興味を持つ女性なら、なおさらである。

このように米国の女性たちの占領地でのライフスタイルも、占領兵と親密な関係になる日本女性たちに影響を与えていたかもしれないということを考えると、女性兵士（や軍属）についての考察も必要であろう。

5．コンタクト・ゾーンを生き延びた女性のエイジェンシーと生存戦略

占領兵と親密な関係になった占領地女性は、占領という圧倒的に権力関係の弱い立場に身を置きながらも、権力の強い立場に君臨する占領兵とどのような相互交渉をおこなっていたのか。彼女たちは、いかなる生存戦略やエイジェンシー（行為主体性）を駆使して占領を生き抜いてきたのか。占領兵と日本女性が相互交渉するコンタクト・ゾーンは、日本だけではないし、現在にも存在する。占領期の女性の姿は、各地域に駐屯する兵士と相互交渉を行なうその地域に住む女性の姿に重なり合う。それは米軍基地周辺に設置された韓国の「基地村」の女性たちが生存戦略やエイジェンシーを駆使して米兵と相互交渉を行ないながら日々を生き抜こうと闘っている姿でもある。

エイジェンシーについて、上野が「語ることのできる性暴力被害と語ることのできない性暴力被害との境界線がエイジェンシーだとしたら、被害者のエイジェンシーは否定されなければならない。経験には連続性があるにもかかわらず、それをエイジェンシーが分断する」［上野 2018:11］と述べているように、性暴力被害女性の語りを社会が受容するのは、被害女性の語りがエイジェンシーを発揮しない「モデル被害者」の語りである。本書の事例で、占領兵からレイプされたことを調査員に語っている女性たちに共通していたのは、性的に無垢な女性が見知らぬ占領兵に襲われて激しく抵抗したという「モデル被害者」であったことだ。だからこそ、彼女たちは自身のレイプ被害を調査員に語ることができた。佐藤が、「戦争にまつわる性暴力の複雑で多様なありようを理解するためには、いかなる状況下でも発揮され得る女性のエイジェンシーと、いかなる状況下でも発生し得るジェンダー関係の構造的暴力、その双方を視野におさめた考察が必要であり、それこそが、戦時と平時にまたがる性暴力根絶のための闘いにとって不可欠」［佐藤 2018:337］と主張するように、女性がエイジェンシーを発揮しているからといって、彼女たちにふるわれた暴力は否定されてはならないし、訴える声に耳をふさいではならない。エイジェンシーは、支配／被支配という圧倒的な権力の非対称性がある状況においては、抑圧された側の女性がその苦難を生き延びようとするために行使されるからだ。そしてこうしたエイジェンシーの行使こそ、彼女たちの生存戦略である。

さまざまな事情から、占領兵たちと関係を持ったさまざまな占領地女性たち。彼女たちの経験は、パンパンというスティグマとともに沈黙を強いられてきた。この経験を、なかったことにすることはできない。彼女たちに多様な生存戦略があったことや、自分もそうしたかもしれないというサバイバーへの敬意をこころに留めること。そうすることで、わたしたちは彼女たちにとって「注意深く共感的な聞き手」

となる。そのとき初めて、彼女たちは自らの経験を語りはじめることができる。と同時に、それは語ることができずに亡くなった女性も含めた、彼女たちの名誉回復につながるだろう。本書の個別事例から浮かび上がった、コンタクト・ゾーンを生き延びた女性のエイジェンシーにこそ、弱者の生存戦略を見いだし、その声を歴史に復権させたいと、わたしは強く願う。このことは、どんなに強調してもしすぎることはない。(11)

註

(1) この記事を教えてくださった辻本登志子さんに感謝いたします。この裁判は、二〇一七年一一月現在も継続中である。

(2) ただし裁判所は、「国が売買春が容易に行われるよう基地村を作ったのは違法」という被害者たちの主張は受け入れなかった。裁判所は「被害者たちが基地村内での売春を強いられたり、やめられないほどの状態にあったと見ることはできない」として、このように判断した。

(3) うえの式質的分析法が従来のKJ法の発展型である部分は、「ケース分析とコード分析とを併用して、データを事例の文脈において比較の文脈においての両方で分析するという方法」[上野 2017b:37] である。本文の表①で説明すると、縦軸のケース分析(花音、蘭、かりん、ユキコといったそれぞれの女性の事例分析)と横軸のコード分析(年齢、学歴、金、コネ、美、月収、前職業、現住所といった調査項目ごとの比較分析)を併用して、両方で分析する。KJ法ではここまで分析を行なわない。

(4) 占領期当時、京都日日新聞社は二社あったがテルヨさんは、京都新聞社の前身にあたるほうの京都日日新聞記者であることを教えてくださった北原儀子さんに感謝します。また、北原儀子さんに尋ねてくださった北原恵先生にあわせて感謝いたします。

(5) 美容整形外科医高須克弥先生は「代々名門の母子家庭」育ちである。病院を開業していた高須先生の祖母は、占領期に占領兵と交際する女性たちの相談に乗り、無料で外科的治療を行なっていた。高須先生の祖母もテルヨさん同様、パンパンといわれた女性たちのサポートをしていたひとである［西原 2016:LOVE040（電子書籍のためページ数なし）］。

（6）相互支援として、占領兵と交際する女性に有料で部屋を貸していた人達も含まれる。パンパンの女性たちの日常を描いた田村泰次郎の『肉体の門』を映画化した鈴木清順監督は、一九四九年当時、薄給で生活が苦しかったために占領兵と交際する女性二人に部屋を貸したと語っている［四方田編 2010:90］。占領兵がやってくる部屋を有料で貸した鈴木とその部屋を借りた女性たちの関係も、相互支援の関係である。

（7）二〇一八年一月二七日キャンパスプラザ京都で行なわれた、関西ジェンダー史カフェでの西川祐子書評会で大きな影響を受けた。登壇者ならびに参加者のみなさまに感謝いたします。

（8）林は日系二世の「嫁」となって渡米した女性のインタビューを行なっている。その女性の夫とは米海軍のインテリジェンス・サービスのオフィサーとして東京に駐在していたときに出会ったという［林 2002:29］。インテリジェンス・サービスというとなんらかの情報機関に所属していたことになるがＣＩＣかどうかは不明。

（9）ハワイ大学マノア校ロマンゾ・アダムス社会調査研究室に所蔵されているユキコ・キムラが収集したハワイにやってきた戦争花嫁のインタビュー集には、中国系兵士と結婚したドイツ人女性、ポルトガル人とフィリピン人の混血の兵士と結婚したドイツ人女性のインタビューがあることからも、黄色系の混血児は存在する。また、日本人女性と沖縄系の兵士との結婚も多い（二〇一五年一一月調査）。アメリカ史専門の歴史学者中村雅子によると、戦前〜戦中のナチス統制下のドイツ人女性は厳格な家父長制に基づくジェンダー役割分担を担っていたため、日系人兵士はドイツ人女性の「経済的にもつつましく働き者で家庭的」な面にも惹かれ結婚したという［中村 2007:155］。今後、うえの式質的分析法でユキコ・キムラが収集したインタビュー集を再分析し、占領期のアジアとヨーロッパの戦争花嫁について、夫や子ども等家族関係を視野に入れ比較考察する予定である。

（10）ドイツ兵と親密な関係になった占領地女性は、必ずしもアーリア人種の女性とは限らない。ドイツ兵が自らの「規律の欠如」によって敵国の出生率が増加したことについては、［ミュールホイザー 2015:181-221］を参照のこと。

（11）本書の関連図書として上野千鶴子・蘭信三・平井和子編『戦争と性暴力の比較史へ向けて』［岩波書店 2018］、また本書のダイジェスト版として、上野・蘭・平井編第Ⅱ部語り得ない記憶第5章　茶園敏美「セックスというコンタクト・ゾーン――日本占領の経験から」を参照にされたい。

参照文献　アイウエオ順

青木深 2013『めぐりあうものたちの群像――戦後日本の米軍基地と音楽1945―1958』大月書店

秋尾沙戸子 2011『ワシントンハイツ――GHQが東京に刻んだ戦後』新潮文庫

秋川智久 1978「ドナルド・V・ウィルソン博士の〝証言〟」小野顕編『占領期における社会福祉資料に関する研究報告書』(財)社会福祉研究所

蘭信三 2018「戦時性暴力被害を聞き取るということ――『黄土村の性暴力』を手がかりに」上野千鶴子・蘭信三・平井和子編『戦争と性暴力の比較史へ向けて』岩波書店

石田米子 2002「中国における日本軍性暴力被害の調査・記録に取りくんで――被害女性たちの「出口気」(心にわだかまるものを吐き出す)の意味を考える」中国女性史研究会編『中国女性史研究』第11号

猪俣浩三・木村禧八郎・清水幾太郎編 1953『基地日本』和光社

猪股祐介 2018「語り出した性暴力被害者――満洲引揚者の犠牲者言説を読み解く」上野千鶴子・蘭信三・平井和子編『戦争と性暴力の比較史へ向けて』岩波書店

岩佐純 1966『兵庫・風雪二十年』兵庫新聞社

上野千鶴子・蘭信三・平井和子編著 2018「はじめに」上野千鶴子・蘭信三・平井和子編『戦争と性暴力の比較史へ向けて』岩波書店

上野千鶴子監修、一宮茂子・茶園敏美編 2017『語りの分析――〈すぐに使える〉うえの式質的分析法の実践』(『生存学研究センター報告27号』立命館大学生存学研究センター。立命館大学生存学研究センターHP上で無償公開中(URL別途表示)。

上野千鶴子 2018「戦争と性暴力の比較史の視座」上野千鶴子・蘭信三・平井和子編著『戦争と性暴力の比較史へ向けて』岩波書店

上野千鶴子 2017a「情報生産者になる9 質的情報の分析とは何か?」月刊『ちくま』No.558 筑摩書房

上野千鶴子 2017b『帝国の慰安婦』のポストコロニアリズム」浅野豊美・小倉紀蔵・西成彦編著『対話のために――「帝国の慰安婦」という問いをひらく』クレイン

上野千鶴子 1998, 新版 2012『ナショナリズムとジェンダー』旧版 青土社/新版 岩波現代文庫

大石杉乃 2004『バージニア・オルソン物語――日本の看護のために生きたアメリカ人女性』原書房

大原紀美子 1972「第3章 女性解放運動の過去・現在・未来2 戦後――ブルジョア的「平等」のもとで」大原紀美子・塩原早苗・安藤紀典著 1972『女性解放と現代――マルクス主義女性論入門』三一書房

岡田泰平 2017「占領期日本のセックス・ワーカーについて──語りと曖昧さをめぐる考察」日比野啓・下河辺美知子編著『アメリカン・レイバー　合衆国における労働の文化表象』彩流社
岡田泰弘 2011「占領下の日本におけるアメリカ黒人部隊をめぐる人種とジェンダーのポリティクス──キャンプ岐阜に駐留の第24歩兵連隊を中心に」『金城学院大学論集社会科学編』第7巻第2号金城学院大学論集委員会編
長志珠絵 2013「CITY MAP OF KYOTO を「読む」──占領期研究序論」中部大学編『アリーナ』第15号 風媒社
小野寺拓也 2017「『戦場の性』翻訳を終えて」『西洋近現代史研究会会報』第31号
柿田肇 2016「ファンによるファン像──1937年の「宝塚」機関誌での東西舌戦を起点に」『特集：柿田肇の仕事』文化／批評　川村邦光編、２０１６春季臨時増刊号 国際日本学研究会
笠間千浪 2012「占領期日本の娼婦表象──「ベビサン」と「パンパン」：男性主体を構築する媒体」笠間千浪編著『〈悪女〉と〈良女〉の身体表象』青弓社
金川めぐみ 2012「母子及び寡婦福祉法成立までの歴史的経緯」『経済理論』３７０号 和歌山大学経済学部編
加納実紀代 2017「「帝国の慰安婦」と「帝国の母」と」浅野豊美・小倉紀蔵・西成彦編著『対話のために──「帝国の慰安婦」という問いをひらく』クレイン
加納実紀代 2007「「混血児」問題と単一民族神話の生成」恵泉女学園大学平和文化研究所編『占領と性──政策・実態・表象』インパクト出版会
川喜田二郎 1967『発想法──創造性開発のために』中公新書
川喜田二郎 1970『続・発想法──ＫＪ法の展開と応用』中公新書
神崎清 1974『売春──決定版・神崎レポート』現代史出版会
クリュゲール、ジュジアーヌ 2007　小沢君江訳『ボッシュの子 ナチス・ドイツ兵とフランス人との間に生まれて』祥伝社
グロスマン、アテナ 1999　荻野美穂訳「沈黙という問題──占領軍兵士によるドイツ女性の強姦」『思想』第4号
慶応義塾大学社会事業研究会編 1953『街娼と子どもたち──とくに基地横須賀市の現状分析』（1998『日本〈子どもの歴史〉叢書24』久山社に採録）
ケリー、リズ 2001　喜多加実代訳「性暴力の連続体」ジャルナ・ハマー／メアリー・メイナード編、堤かなめ監訳『ジェンダーと暴力──イギリスにおける社会学的研究』明石書店
厚生労働省 2017『平成28年度　人口動態統計特殊報告「婚姻に関する統計」の概況』（ＵＲＬ別途表示）
厚生労働省『平成21年人口動態統計　確定数　上巻　婚姻　年次・性・年齢別人口』は政府統計の総合窓口 e-Start で該当データ

収集（URL別途表示）

小坂一也 1990『メイド・イン・オキュパイド・ジャパン』河出書房新社

後藤千織 2017「チャリティガール――二十世紀初頭の労働とジェンダー」日比野啓・下河辺美知子編著『アメリカン・レイバー 合衆国における労働の文化表象』彩流社

ゴッフマン、アーヴィング 1970, 2001 改訂版　石黒毅訳『スティグマの社会学――烙印を押されたアイデンティティ』せりか書房

西原理恵子 2016『ダーリンは71歳』小学館

佐多稲子 1983「『婦人民主新聞』縮刷版の刊行について」『婦人民主新聞縮刷版（修正版）（第1巻1946年～1951年）』婦人民主クラブ

佐藤文香 2018「戦争と性暴力――語りの正統性をめぐって」上野千鶴子・蘭信三・平井和子編著『戦争と性暴力の比較史へ向けて』岩波書店

サムス、F・クロフォード 1986　竹前栄治編訳『DDT革命』岩波書店　注：竹前が翻訳した時点では、原文はスタンフォード大学フーバー研究所に未公刊所蔵した原文を竹前が同研究所および著者の許しを得て世界で初めて刊行した資料である（サムス 1986:419）。その後原文は、一九九八年に刊行されている。Sams, Crawford F., edited, with an introduction and notes, by Zabelle Zakarian, 1998, Medic : the mission of an American military doctor in occupied Japan and wartorn Korea, M. E. Sharpe

佐和隆研・奈良本辰也・吉田光邦編著 1984『京都大事典』淡交社

GHQ/SCAP, Civil Historical Section, History of the Non-Military Activities of the Occupation of Japan, 1945-1951（＝安藤仁介／笹本征男解説、笹本征男訳 1996『GHQ日本占領　GHQ正史　第3巻 物資と労務の調達』日本図書センター）

清水幾太郎・宮原誠一・上田庄三郎 1953『基地の子――この事実をどう考えたらよいか』光文社

週刊朝日編 1995『戦後値段史年表』朝日文庫

杉山章子 1988「敗戦とR・A・A」『女性学年報』9号

鈴木清順 2010「洋パンと『野良犬』と自動小銃」四方田犬彦編『鈴木清順「エッセイコレクション」』ちくま文庫

砂本文彦・大場修・玉田浩之・角哲・長田城治・村上しほり 2016「占領期の岡山における住宅接収について　占領下日本の都市・住宅に関する研究　その3」日本建築学会編『日本建築学会大会学術講演梗概集』

スヴォボダ、テレーズ 2011　奥田暁子訳『占領期の日本　ある米軍憲兵隊員の証言』ひろしま女性学研究所

船場五郎 1953「実弾に挑む漁民たち」猪股浩三・木村禧八郎・清水幾太郎編『基地日本』和光社

太平洋戦争研究会編 2006『改訂新版図説アメリカ軍が撮影した占領下の日本』河出書房新社
澤岻悦子 2000『オキナワ海を渡った米兵花嫁たち』高文研
竹中勝男・住谷悦治編 1949『街娼――実態とその手記』有恒社
竹前栄治 1983『GHQ』岩波新書
田中雅一 2011a「はじめに」田中雅一／船山徹編『コンタクト・ゾーンの人文学第一巻 Problematique／問題系』晃洋書房
田中雅一 2011b 「コンタクト・ゾーンとしての占領期ニッポン――「基地の女たち」をめぐって」田中雅一・船山徹編『コンタクト・ゾーンの人文学第一巻 Problematique／問題系』晃洋書房
玉田浩之 2013「占領軍による接収住宅と接収施設地図の建築史的分析」中部大学編『アリーナ』第15号 風媒社
田村恵子 2002「占領下における出会いから結婚まで――戦争花嫁と歴史的背景」林かおり・田村恵子・高津文美子著 2002『戦争花嫁――国境を越えた女たちの半世紀』芙蓉書房出版
茶園敏美 2018「セックスというコンタクト・ゾーン――日本占領の経験から」上野千鶴子・蘭信三・平井和子編著『戦争と性暴力の比較史へ向けて』岩波書店
茶園敏美 2014『パンパンとは誰なのか――キャッチという占領期の性暴力とGIとの親密性』インパクト出版会
冨山一郎 2013『流着の思想「沖縄問題」の系譜学』インパクト出版会
冨山一郎 2002『暴力の予感 伊波普猷における危機の問題』岩波書店
中村雅子 2007「日系アメリカ人兵士とヨーロッパ人「戦争花嫁」――アメリカン・オリエンタリズムとホワイトネス」アメリカ学会編『アメリカ研究』41号
成田龍一 2018「性暴力と日本近代歴史学――「出会い」と「出会いそこね」」上野千鶴子・蘭信三・平井和子編『戦争と性暴力の比較史へ向けて』岩波書店
西川祐子 2017『古都の占領 生活史からみる京都1945-1952』平凡社
西川祐子 2013「続「古都の占領」――忘却に抗して」中部大学編『アリーナ』第15号 風媒社
二至村菁 2015『米軍医が見た占領下京都の600日』藤原書店
橋本明子 2017 山岡由美訳『日本の長い戦後 敗戦の記憶・トラウマはどう語り継がれているか』みすず書房
早川紀代 2007「占領軍兵士の慰安と買売春制の再編」恵泉女学園大学平和文化研究所編『占領と性――政策・実態・表象』インパクト出版会
林かおり 2005『私は戦争花嫁です――アメリカとオーストラリアで生きる日系国際結婚親睦会の女たち』北國新聞社出版局

林かおり 2002「米・豪の戦争花嫁たち　異国で頑張ってきた私たちを見て」林かおり・田村恵子・高津文美子著『戦争花嫁——国境を越えた女たちの半世紀』芙蓉書房出版
原田弘 2011『ある警察官の昭和世相史』草思社
原田弘 1994『MPのジープから見た占領下の東京——同乗警察官の観察記』草思社
姫岡とし子 2018「ナチ・ドイツの性暴力はいかに不可視化されたか——強制収容所内売春施設を中心として」上野千鶴子・蘭信三・平井和子編著『戦争と性暴力の比較史へ向けて』岩波書店
兵庫県衛生部総務課編 1950『昭和二四年度国庫補助に関する綴』兵庫県衛生部総務課
兵庫県警察史編さん委員会編 1975『兵庫県警察史昭和編』兵庫県警察本部
平井和子 2014『日本占領とジェンダー——米軍・売買春と日本女性たち』有志舎
平井和子 2007「RAAと「赤線」——熱海における展開」恵泉女学園大学平和文化研究所編『占領と性——政策・実態・表象』インパクト出版会
藤目ゆき 1997『性の歴史学——公娼制度・堕胎罪体制から売春防止法・優生保護法体制へ』不二出版
藤森晶子 2016『丸刈りにされた女たち——「ドイツ兵の恋人」の戦後を辿る旅』岩波書店
Pratt, Mary L., 1992, revised 2007, *Imperial Eyes: Travel Writing and Transculturation* 2nd Edition, Routledge（邦訳無『帝国のまなざし』）
古久保さくら 1999「満州における日本人女性の経験——犠牲者性の構築」『女性史学』第9号女性史学編集委員会編
堀道紀監修・佐藤静馬編 1956『神戸市立東山病院史』（非売品）神戸市衛生局・神戸市立東山病院
宮西香穂里 2012『沖縄軍人妻の研究』京都大学学術出版会
ミュールホイザー、レギーナ 2015　姫岡とし子監訳・石井香江訳・小野寺拓也訳・水戸部由枝訳・若林美佐知訳『戦場の性——独ソ戦下のドイツ兵と女性たち』岩波書店
文玉珠／森川万智子構成と解説 1996『ビルマ戦線　楯師団の「慰安婦」だった私』梨の木舎
文部省調査局編 1962『日本の成長と教育——教育の展開と経済の発達』帝国地方行政学会（URL別途表示）
安冨成良 2005a「占領下の日本と進駐軍」安冨成良／スタウト・梅津和子著『アメリカに渡った戦争花嫁　日米国際結婚パイオニアの記録』明石書店
安冨成良 2005b「日系社会と戦争花嫁」安冨成良／スタウト・梅津和子著『アメリカに渡った戦争花嫁　日米国際結婚パイオニアの記録』明石書店
山根実紀　2017「オモニがうたう竹田の子守唄——改進地区の「おかあちゃん」との出会い」山根実紀論文集編集委員会編『オモ

ニがうたう竹田の子守唄——在日朝鮮人女性の学びとポスト植民地問題』インパクト出版会
山本めゆ 2013「父の痕跡——引揚援護事業に刻印された性暴力と「混血」の忌避」『帝国日本の戦時性暴力』次世代研究110 京都大学グローバルCOE プログラム親密圏と公共圏の再編成をめざすアジア拠点
弥生美術館内田静江編 2005『女學生手帖——大正・昭和 乙女らいふ』河出書房新社
吉見義明・尹明淑 1996「資料紹介日本警察の「慰安婦」政策2——『警察史』にみる「占領軍慰安婦」・「軍慰安婦」・「事業場慰安婦」」『季刊戦争責任研究』第14号 一九九六年冬季号
ラルロド、シュザンヌ 2010 小沢君江訳『誇り高い少女』論創社
立命館大学産業社会学部鈴木良ゼミナール© 1991『占領下の京都』文理閣
ロバーツ、L・メアリー 2015 佐藤文香監訳／西川美樹訳『兵士とセックス——第二次世界大戦下のフランスで米兵は何をしたのか?』明石書店

新聞・雑誌
『アサヒグラフ』一九五七年第八号・第九号合併号 一九五七年八月四日
『朝日新聞』東京版一九四五年八月一日〜一九五七年一二月三一日、二〇一〇年一月一九日
『朝日新聞』大阪版一九四五年八月一日〜一九五七年一二月三一日
『京都新聞』二〇一五年四月三日
『神戸新聞』一九四五年八月一日〜一九五〇年一二月三一日
『ハンギョレ新聞』日本語版二〇一七年一月二〇日
『婦人民主新聞』一九四八年六月二四日
『読売新聞』東京版一九四五年八月一日〜一九五七年一二月三一日
『京都新聞』二〇一五年四月三日

GHQ資料 アルファベット順
Goodrich Lt Col. Inf. Commanding, Guinn B, 1949, "Military Police Activities in Beppu City, Oita Prefecture," 1 Apr. 1949, RG331/SCAP/9336
I Corps Engr., Repro., Plant 1259D, 1949, City Map of Kyoto : Kyoto Prefecture, Honshu Japan, 2nd ed., 京都府立総合資料館蔵

Agent Report, 1 May 1950, RG331/SCAP/BOX9894（c）
Agent Report, 15 June 1950, RG331/SCAP/BOX9894（c）
Weekly Summary of Events, 19 May 1950, RG331/SCAP/BOX9894（c）
Weekly Summary of Events, 10 June 1950, RG331/SCAP/BOX9894（c）
Weekly Summary of Events, 7 July 1950, RG331/SCAP/BOX9894（c）
Weekly Summary of Events, 5 August 1950, RG331/SCAP/BOX9894（c）

米兵個人写真キャプション（写真はすべて占領直後の神戸市内）衣川太一さん所蔵
はじめに
写真① ANY FOR THE ASKING GEISHA GIRLS IN KOBE
写真② JAPS CLEANING UP KOBE
写真③ キャプションなし
写真④ KOBE LOOKING TOWARD THE RAILROAD STATION PICTURE TAKEN FROM THE BUILDING I LIVED IN
写真⑤ キャプションなし
写真⑥ X PARKS OUR HOME IN KOBE ONE OF THE FEW BUILDINGS THAT IS STILL STANDING
第1章
写真① BUILDING OF LOVE

WEBページ
上野千鶴子監修、一宮茂子・茶園敏美編　二〇一七年『語りの分析――〈すぐに使える〉うえの式質的分析法の実践』
http://www.ritsumei-arsvi.org/publications/index/type/center_reports/number/27
聖路加国際大学の歩み
http://www.luke.ac.jp/about/history.html（二〇一七年六月一日閲覧）
総務省自治行政局公務員部給与能率推進室調査係による、二〇一五年四月一日地方公務員給与実態調査結果。
http://www.soumu.go.jp/main_sosiki/jichi_gyousei/c-gyousei/kyuyo/pdf/h27_kyuyo_1_03.pdf（二〇一七年三月二六日閲覧）
文部省調査局編　一九六二年『日本の成長と教育――教育の展開と経済の発達』帝国地方行政学会

http://www.mext.go.jp/b_menu/hakusho/html/hpad196201/hpad196201_2_012.html（二〇一七年六月一五日閲覧）
厚生労働省　二〇一七年『平成28年度　人口動態統計特殊報告「婚姻に関する統計」の概況』
http://www.mhlw.go.jp/toukei/saikin/hw/jinkou/tokusyu/konin16/index.html（二〇一八年三月一日閲覧）
厚生労働省　平成21年人口動態統計　確定数　上巻　婚姻　年次・性・年齢別人口　政府統計の総合窓口 e-Start
https://www.e-stat.go.jp/
※キーワード検索欄に上記の文献名を入れて検索した該当データのURLは以下の通り（検索日時二〇一八年三月一日）
https://www.e-stat.go.jp/stat-search/database?page=1&query=%E5%B9%B3%E6%88%9021%E5%B9%B4%E4%BA%BA%E5%8F%A3%E5%8B%95%E6%85%8B%E7%B5%B1%E8%A8%88%20%E7%A2%BA%E5%AE%9A%E6%95%B0%20%E4%B8%8A%E5%B7%BB%20%E5%A9%9A%E5%A7%BB%E3%80%80%E5%B9%B4%E6%AC%A1%E3%83%BB%E6%80%A7%E3%83%BB%E5%B9%B4%E9%BD%A2%E5%88%A5%E4%BA%BA%E5%8F%A3

＊本研究は科研費（15KO1916）の助成を受けたものである。

感謝のきもち

本書は、『パンパンとは誰なのか』が世に出なかったら書けなかった本です。『パンパンとは誰なのか』が出版されて、いろんなかたがたに手に取っていただいたおかげで、老舗ラーメン店の創業者テルヨさんの娘、カズさんとの交流がはじまりました。さらにカズさんの語りで、思いがけずテルヨさんの豊かなライフストーリーに出愛《であい》ました。もはやわたしの意図を超えて『パンパンとは誰なのか』がさらにさまざまなかたとの出愛《であい》を紡ぎ、本書が生まれました。と同時に、とりわけ占領期を経験された一人でも多くの方に本書を読んでいただきたく、本書執筆は時間との闘いでもありました。

本書では、テルヨさんのラーメン店の名前を伏せることにしました。読者のみなさんに、このお店がどこにあるのかを想像しつつ、本書を読み進めていただけたらと思います。これが本書のかくし味です。

「墓場まで持っていこうと思っていた」占領期の想い出をいろいろとお話ししてくださったカズさん、そしてご家族のみなさま、ありがとうございます。

今は亡き冨本勝義さんの「戦後ゼロ年」(二〇一五年八月一五日BS NHKで放映)での想い出話を快く引用させていただいたご子息の冨本裕司さんならびにご家族のみなさま、そして冨本裕司さんにアクセスしていただいたNHKエンタープライズ伊東亜由美ディレクターに感謝します。

占領期の貴重な写真の数々をご提供いただいた衣川太一さんには、言葉にできないほどの感謝の念で一杯です。衣川さんの、生き生きとした占領期の写真は本書のスパイスです。また、占領期神戸の写真の場所の特定は、『パンパンとは誰なのか』のときからお世話になっているモトコーを拠点に活動なさっているアーティスト、宮崎みよしさんに大変お世話になりました。地図作成方法は、株式会社環境緑地設計研究所の都市及び地方計画公園管理運営士統括研究員辻真一さんにご教示いただきました。辻さん、ありがとうございます。占領期神戸の研究者、村上しほりさんにも前著から引き続きお世話になりました。今回は、村上さんが共同研究メンバーとして加わっている基盤研究A 占領期日本における接収住宅に関する研究の建築学会で発表された最新のご研究の資料も閲覧させていただきました。ありがとうございます。

二〇一五年五月のGWに京都の安楽寺のカフェで京都新聞の吉永周平さんと、カズさんにインタビューを行ないました。吉永さん、ありがとうございます。京都新聞永澄憲史さんとは、二〇一五年六月にカズさんとわたしの三人で、カズさんの小学生時代の占領期の足跡をたどりました。初夏の暑い日で歩き回った最後に京都大学のカフェレストラン、カンフォーラで食べたワッフルパフェの味が今でも忘れられません。永澄さん、ありがとうございます。

そして、テルヨさんは永澄さんと吉永さんの大先輩だったことも、偶然とは思えない不思議なご縁です。テルヨさんが京都新聞の前身である京都日日新聞の記者だったことがわかったのは、わたしの出身大学院の日本学所属北原恵先生のお母さま北原儀子さんのおかげです。本書完成もあと少しというときに、儀子さんが永遠に旅立たれました。儀子さんご存命の間に完成できなかったのが残念です。儀子さん、ありがとうございます。そして北原先生、ありがとうございます。

本書は、歴史資料を社会学の分析方法を用いて執筆しました。六三名の膨大な数のオーラルヒストリーとカズさんのインタビューを分析するのに、きちんと分析する必要がありました。立命館大学先端総合学術研究科で教鞭をとられていた社会学者、東大名誉教授上野千鶴子先生には、とてもお世話になりました。うえの式質的分析法（KJ法発展型分析方法）で分析しなければ、本書は書けませんでした。ありがとうございます。と同時に、立命館上野院ゼミに集うみなさま（その多くは現場に関わる社会人のかたがた）からも、本書作成過程で示唆的なアドバイスならびに励ましのお言葉をいただきました。途中で挫折しなかったのも、ピア（仲間）

として迎えてくださったみなさまのおかげです。ありがとうございます。

コンタクト・ゾーンという視点を教えてくださった、京都大学人文科学研究所の田中雅一先生、ありがとうございます。この理論的枠組みに出会わなかったら、本書は書けたかどうかわかりません。

西川祐子先生には、占領期京都について数々のご教示をいただき、ありがとうございます。西川先生の貴重な労作『古都の占領』には、本書を完成する上でとても助けていただきました。

なんといっても、本書は、二ヵ月早く刊行された、上野千鶴子・蘭信三・平井和子編『戦争と性暴力の比較史へ向けて』（岩波書店二〇一八年二月）に所収されている拙論がベースになっています。共同執筆者のみなさまとの豊かな議論がなければ、どこまで本書が書けたか定かではありません。メンバーのみなさまならびに、編集の大橋久美さん、ありがとうございます。

また、基盤研究B「婦人保護施設から見た戦後日本の女性の貧困—貧困概念の再定義に向けて」の共同研究メンバーのひとり、愛知県立大学名誉教授須藤八千代先生の三〇年以上に及ぶ横浜寿町でのソーシャルワーカー時代のご経験から、貴重なアドバイスをありがとうございます。基盤研究Bのみなさんとの活発な議論も、本書を完成するのにとても役立ちました。ありがとうございます。

大学院の指導教官である冨山一郎先生には、引き続き暖かいまなざしで見守っていただき、ありがとうございます。

京都大学アジア研究教育ユニットのユニット長、落合恵美子先生、伊藤公雄先生にお世話になりました。アジア研究教育ユニットの研究員持ち回りの研究会で同僚の研究員のみなさまから数々の示唆的な意見をいただきました。研究員のみなさま、ありがとうございます。とくに辻本登志子さんからは貴重な情報をいただき、ありがとうございます。紫野の会のみなさま、ありがとうございます。

今回、一足早く旅立たれた柿田肇さんのご論文を、引用することができました。柿田さん、ありがとうございます。そして、いつも見守ってくれる友人たち、ありがとうございます。

ブックデザイナー宗利淳一さん、前著に引き続き、ありがとうございます。今回の装丁は、わたしの友人のウィリス・伸子さん（絵本作家）のイラストを宗利さんにお願いして装丁のデザインとして使っていただきました。イラストのたくさんの花は、占領兵と関係したおねえさんたちを表しています。伸子さん、ありがとうございます。下平尾直さん（株式会社共和国）、ありがとうございます。

最後の最後までインパクト出版会編集者の深田卓さんには、言葉に表すことができないほど、大変お世話になりました。ありがとうございます。

本書は前著に引き続き、どんなときも、ずっと見守ってくれている家族に捧げます。


二〇一八年四月一六日（愛猫故こびんちゃん一六年目誕生日に）　茶園敏美

茶園敏美（ちゃぞのとしみ）
京都大学大学院文学研究科アジア親密圏/公共圏教育センター所属。
ジェンダー論。大阪大学博士（文学）
著書
『パンパンとは誰なのか――キャッチという占領期の性暴力とGIとの親密性』インパクト出版会、2014年
共著
『戦争と性暴力の比較史へ向けて』上野千鶴子・蘭信三・平井和子編、岩波書店 、2018年
『語りの分析〈すぐに使える〉うえの式質的分析法の実践（生存学研究センター報告27）』上野千鶴子監修/一宮茂子・茶園敏美編、立命館大学生存学研究センター、2017年

もうひとつの占領
セックスというコンタクト・ゾーンから

2018年 4月27日 第1刷発行

著　者　茶　園　敏　美
発行人　深　田　　　卓
装幀者　宗　利　淳　一
カバー・扉絵　ウィリス・伸子

発　行　インパクト出版会
〒113-0033　東京都文京区本郷 2-5-11　服部ビル 2F
Tel 03-3818-7576　Fax 03-3818-8676
E-mail：impact@jca.apc.org
http://impact-shuppankai.com/
郵便振替　00110-9-83148

モリモト印刷

パンパンとは誰なのか

キャッチという占領期の性暴力とGIとの親密性

茶園敏美 著　A5判並製 298頁 2800円＋税

2014年9月刊 ISBN978-4-7554-0248-7 装幀・宗利淳一

これは占領期の特殊な時期の特殊な話ではない！占領期、神戸でパンパンと呼ばれたおんなたちはどういう状況で生きたのか、彼女たちとGIたちとどのような交渉をおこない、彼女たちを駆逐し管理しようとする当局への抵抗したか。その記録をあぶり出す。好評2刷

オモニがうたう竹田の子守唄

在日朝鮮人女性の学びとポスト植民地問題

山根実紀 著 山根実紀論文集編集委員会編 A5判並製 320頁 3000円＋税

2017年12月刊 ISBN 978-4-7554-0282-1 装幀・宗利淳一

民族、階級、ジェンダーの複合的差別、継続する植民地主義—抵抗の唄とことばをつむぐ彼女たちマイノリティを分断してきたのは、「私たち」マジョリティではないか。日朝運動に参加しながら、夜間中学で学ぶオモニたちに関わってきた著者が、その「語り」と「沈黙」に向き合う。

沖縄戦場の記憶と「慰安所」

洪 玧伸 ほんゆんしん 著　A5判並製 494頁 3000円＋税

2016年3月刊 ISBN978-4-7554-0259-3 装幀・宗利淳一

沖縄130カ所の「慰安所」に、住民は何を見たのか。沖縄諸島、大東諸島、先島諸島に日本軍が設置した「慰安所」の成立から解体までを、膨大な陣中日誌、回想録、聞き書きなどから歴史的に明らかにした大著。「慰安婦」問題を語るための必読書。好評2刷

刑事司法とジェンダー

牧野雅子 著 四六判並製 224頁 2000円＋税

2013年3月刊 ISBN978-4-7554-0232-6 装幀・宗利淳一

「いつも問題になるのは女性、女性、女性、だ。」「その一方で、男性は？ 加害者は？あるいは捜査員は？」(あとがきより) 連続レイプ事件加害者への長期間にわたる接見、往復書簡、裁判分析等により性暴力加害者の経験に肉薄。強姦加害者の責任を問う法の在り方をジェンダーの視点から検証する。好評2刷

ジェンダー・バックラッシュとは何だったのか　史的総括と未来へ向けて

石楿 そくひゃん 著　A5判並製 240頁 2800円＋税

16年2月刊 ISBN978-4-7554-0264-7 装幀・宗利淳一

ジェンダー平等の達成を求めて—ジェンダー・バックラッシュの実態と本質を明らかにし、日本の女性政策や運動の限界を乗り越える道を探る。